ひといちばい
敏感さんが、
我慢なし!
不安ゼロ!で
恋愛無双する
全テクニック

モテる人の恋愛科学

ひろと

OKAWA

はじめに

「自分の恋はいつも苦しい」と思っているあなたへ

僕のTikTokやYouTubeには、

「好きな人に振り向いてもらいたいけど、嫌われたくない。勇気が出ない」

「好きな相手には、別の好きな人がいるみたいだ」

「苦しくて、24時間相手のことが頭から離れない……」

そんなふうに繊細で傷つきやすく、恋に臆病な人から、たくさんの相談が寄せられます。

その苦しくてつらい気持ち、痛いほどよくわかります。

でも、「苦しんでこそ本当の恋愛」みたいな意見には、僕は同意できないんです。

そもそも恋愛って、〝絶対にしなくてはいけないモノ〟ではありませんよね。

本来は、「別に恋愛しなくても毎日が楽しい。恋愛すれば、もっと毎日が楽しい」っていう種類のモノ。あくまで、**人生をより楽しくしてくれるスパイス**だと思うんです。

「自分は恋愛なしじゃ生きられない」「苦しい＝好きってこと」と言う人もいますが、恋人がいないときだって、オモシロ動画を見ればゲラゲラ笑っているはず。食事を抜いたら死にますが、恋愛しなくても死ぬことはありません。

そう考えてみると、**恋愛って「楽しいモノ」であるべき**だと僕は思うんです。

では、なぜ恋を楽しめないのでしょうか。

僕がたくさんの人の悩みを聞くうちに気づいたのは、**恋が叶わない人には共通点がある、**ということです。

本書は全部で8つのパートから構成されていますが、**相手が自分のことを知らない段階から、恋愛心理学や相手に好かれるLINE術などを活用しながら少しずつ距離を縮め、好きな人に好かれて恋を叶えていく方法を解説**しています。

段階を踏み、本書で紹介している恋愛心理学を活用したテクニックを実践したり、考え方を身につけたりしていけば、**今の苦しい恋から脱け出し、楽しくモテて恋愛することができるようになるはず**です。

現在の妻にフラれ、対人スキルや恋愛心理学に興味を持つように

でも皆さん、「この人、まだ若いのにどうして恋愛についていろいろ語れるの？　経験

が伴ってるの？」と不思議に思うかもしれません。

実は僕、20歳のまだ大学生のときに年上で社会人の女性と結婚しています。**現在、22歳にして結婚2年目の既婚者なんです。**

でも、彼女との恋愛では、つまずきまくりました。「大人としての振る舞いがなってない」と、付き合い始めてたった1カ月であっさりフラれてしまったのです。今思えば、とにかく相手への気遣いはもちろん、本当に何もできない状態だったので、フラれて当たり前でした。

ただ、当時は悔しくて、「3カ月だけ時間がほしい」と彼女に懇願してチャンスをもらいました。「いい男になって、見返してやる！」と、３００人ほどの経営者に会いに行き、大人としての知識や考え方を吸収していったんです。こうした自分なりにあがいて行動したことが実を結び、復縁、結婚することができました。

ちなみに、ＰＡＲＴ８で紹介している「12タイプ別攻略法」は、このときの経験をもとに編み出したオリジナルなので、ぜひ活用してみてください。

その後、ひょんなことからＴｉｋＴｏｋやＹｏｕＴｕｂｅを始めることになったのですが、何を発信しようかと考えたとき、頭に浮かんできたのが恋愛心理学でした。

詳しくは本文で紹介していますが、**いろんな経営者の方と接する中で、相手の懐に飛び込もうと同じアプローチをしても、人によってまったく反応が違っていたんです。こうしたタイプによる接し方の違いを、恋愛に生かせたら面白いかもしれない。**そうひらめいて、さまざまな恋愛心理学やコミュニケーションテクニックの勉強に本腰を入れるようになりました。

本書には、そんな僕自身の経験や学びに加え、ＴｉｋＴｏｋのフォロワーの皆さんや、ＹｏｕＴｕｂｅにチャンネル登録してくれた方、インスタグラムで行っている恋愛相談を利用してくれた相談者さんたちのリアルな声や悩みのエッセンスをギュッと凝縮しています。

恋愛で苦しむ人がいなくなりますように。そんな思いを込めて、皆さんに本書を送ります。

ひろと

モテる人の恋愛科学　目次

PART 3 最速で好感度を上げるコミュニケーション術

PART 4

好きな人と心の距離が近づくLINEテクニック

PART 5

「特別な人」になるための、あと一押しの心理テクニック

PART 6

自分を勇気づけ、相手を思い通りに動かす脳科学的デート術

PART 7

脈アリ、脈ナシを見抜いて「告白」を成功させる方法

PART

8 相手をトリコにする! 12タイプ別攻略法

PART 1

あなたの恋愛がうまくいかない理由

恋がうまくいかない原因は？

楽しく恋をして両想いになりたいのなら、やみくもに突っ走ったり、モヤモヤと悩んでばかりいるのではなく、まずはうまくいかない原因を知る必要があります。

このPARTでは、〝よくある恋の悩みトップ5〟を挙げながら、恋愛心理学の考え方を使って「恋がうまくいかない原因」を解説していきます。

第5位　「どうデートに誘っていいかわからない」

「この悩み、自分にもあるな」と感じたら、自分で計画を立てて友だちを遊びや旅行に誘った経験があるかどうか、思い出してみてください。

「ある」という人は、好きという感情が邪魔をして、さりげなく相手を誘うことが難しくなっているのが原因。このあと紹介する「話しかける勇気が出ない」「告白して今の関係が壊れるのが怖い」という悩みと根本は同じなので、そちらを参考にしてください。

「ない」「少ない」という人は、誘われたら行くけど、自分からは誘わない。人のプラン

に乗っかるだけのことが多い、というのが原因。だから、どうデートに誘われたら相手はうれしいのか、どんな場所に行けば喜んでもらえるのかわからず、悩んでしまうのです。

このように、**恋愛がうまくいかない原因が、恋愛以外の部分にあることは意外と多いん**です。

言ってみれば、**恋愛は普段の人間関係の延長線上にある**もの。友だちを誘うのが苦手な人が、いきなり好きな人を上手に誘うことはできません。

だから、**普段の人間関係からテコ入れしていく必要がある**んです。

第4位 「二人の人を好きになってしまい、どうしていいかわからない」

ここは、具体的な悩みを見ていきましょう。

「二人の人を好きになっちゃいました。一人は違うクラス、もう一人はバイト先の子です。二人ともあんまり話したことはないんですが、どうしたらいいですか?」

（専門学校2年生／女性）

こちらは一見よくある話に思えますが、実は**悩みではありません。正確には「悩むのはまだ早い」**といったところでしょうか。二人から自分がアプローチをされていて、二人とも好きだと思っているのであればそれは悩みと言えるでしょうが、あなたが二人を好きなだけなので、二人ともがあなたを選ぶとは限りません。

まずは両方にアプローチをしましょう。当たり前の話ですが、相手からの好意がなければ付き合うことはできません。二人にアプローチをしてみて、自分のことを好きになってくれた人と付き合いましょう。ただでさえ恋愛は悩みが多いので、わざわざ増やさなくていい悩みは増やさなくていいのです。

第3位 「話しかける勇気が出ない」

どちらも、「勇気を出せずに、今の関係から一歩先に進めない」という悩みです。好きな人に話しかけて、「ウザい」と思われたら立ち直れない気持ちもわかります。

ただ、ここではっきりさせましょう。あなたが話しかけられない原因、それは**リスクの誤認識**です。あなたは話しかけて失敗するというリスクだけを考えてしまっていますが、もちろん話しかけないことによるリスクもあります。相手の恋愛対象内に入れない、関係が進展しない、などです。

ちなみにある実験では、**出会ってから3カ月以内に告白しないと告白成功率が下がる**というデータがあります。

つまり、あなたは今まで失敗しない選択をしていたと思っていたけれど、同時に100％うまくいかない選択をしていたわけです。

話しかけるのは怖いかもしれませんが、もっと怖いことが起こってしまう選択をしないために、「話しかけたい、けど怖いから話しかけない」のではなく、**「怖い、けど話しかけるしかない」**というマインドになってください。

第2位　「好きな人の前で自然に振る舞えない」

好きな人の前だとついしゃべりすぎてしまったり、LINEの返信を何度も催促してしまったり。必要以上に冷たくして、相手を不安にさせてしまうこともあるでしょう。

これは、**自分の感情に振り回され、いつもの自分と違う行動をとってしまう**のが原因。

PART2で詳しく解説しますが、**「好きな人を前にすると冷静でいられず、まともな判断ができなくなる」ことが、脳科学の実験でわかっています。**「嫌われたくない」「好かれたい」「一緒にいて楽しいと思ってほしい」「好きだけどバレたくない」といった恋心を持つ相手に、もれなくおかしな行動をとってしまうのは、当たり前のことなんです。

相手をとことん好きになるのはいいのですが、その気持ちは心の中にとどめておくべき。外に出す言葉や態度は、相手との関係性に応じて調整していくのが正解です。

ただ、これってものすごく難しいこと。完璧に感情と理性を使い分けられるのは、〝サイコパス〟と呼ばれる特殊な人たちだけです。

もちろんこの本では、サイコパスでない人でも感情を上手にコントロールして、好きな人の前で自然に振る舞う方法を解説していきますので、安心してください。

第1位 「相手に好きな人がいる」

やっぱり、これが一番つらいですよね。僕のところにも「相手に好きな人がいるとわかって、頭を殴られたような気分になった」「相手が好きな人のことをうれしそうに話すのを聞くたびに、つらい気持ちになる」という声がたくさん寄せられています。

でも、そんな皆さんに知っておいてほしいことがあります。

よくネットで**「いま、好きな人がいますか？」というアンケートを目にしますが、どの**

アンケートでも8割前後の人が「いる」と答えているんですね。つまり、**好きになった相手に好きな人がいるところから恋が始まるのって、まったく特別なことじゃないん**です。

まずは、この事実をきちんと押さえておきましょう。今幸せなカップルも、相手に好きな人がいるところからスタートしている場合がほとんどです。

恋が叶わないのは99%「自滅」が原因

皆さんの悩みを聞いていると、苦しみの原因が自分にあることがほとんどです。たとえば、「相手に好きな人がいる」という悩み。一見、外的要因からくる悩みですが、恋愛上手な人なら、「好きな人がいるのは当たり前」ととらえ、粘り強くチャンスを待ちます。でも、繊細で傷つきやすく、恋愛がうまくいかない人ほど、「相手に好きな人がいるからダメだ」と思い込み、諦めてしまうんです。

そう、**恋がうまくいかないのは、99%「自滅」が原因です。好きな人に好かれない、告白してもフラれてしまう原因を、自分で作り出してしまっているん**です。

でも、これって**すごくラッキー**なこと。**原因が相手にあるなら恋が実るかどうかは運任**

せですが、あなた自身に原因があるなら、できることはたくさんあるからです。

モテテクを使ってもうまくいかないのはなぜ？

「要するに、自滅をやめればいいんでしょ？　だったら早く、相手に好きになってもらえるテクニックを教えて!!」

そんなふうに思う人もいるかもしれません。しかしちょっと厳しいことを言うと、**「モテテクを使えばいい」という考え方自体が、恋がうまくいかない原因の一つ**なんです。

たとえば、「断られないデートの誘い方」に、ダブルバインドという心理誘導のテクニックを使ったものがあります。

①「映画に行かない？」

②「映画に行くなら、AとB、どっちが観たい？」

①の場合、「行かない」と言われればそれで終わりです。イエス・ノーで答えられる質

問では、否定の選択肢を封じることは難しくなります。

一方、②はダブルバインドを使った質問です。この場合、相手がAと答えようがBと答えようが、「じゃあ一緒に行こう！」とデートにこぎつけることができます。

でも、**このテクニックは、相手があなたに対して「一緒に映画に行ってもいいな」と思えるような関係性になっていないと、まったく効果を発揮してくれません。**

相手とほとんど話したことがなかったり、たまにLINEをするだけの仲だったりする場合には、相手は**「なんで仲良くもないのに誘われたんだろう」と困惑**してしまいます。

また、映画の話題が出たときに、自然な流れでこの質問ができればいいのですが、**何の脈絡もなく「そういえば、映画に行くなら、AとB、どっちがいい？」と切り出して、相手の頭の中を「？」マークでいっぱいにしてしまう**ケースもあります。

なぜ、仲良くもない相手をいきなりデートに誘ったり、唐突で不自然な質問をしてしまうのでしょうか。

そう、「早くデートがしたい」と焦り、冷静な判断ができなくなっているからです。

しかしここで、自分が失敗しやすい原因をあらかじめ知っておけば、次のように考えられるようになります。

「好きって気持ちが盛り上がって、うっかりデートに誘いたくなっちゃったけど、ダメだダメだ。デートに誘うタイミングは今じゃない。もっと仲良くなってからだ」

「映画の話になかなか持っていけないな。相手はさっきからカフェの話をしてるから、今度、新しくできたカフェを調べて誘おうかな」

こんなふうに、**焦る気持ちを正しくコントロールし、その場の状況に合った対応ができるようになって初めて、相手との関係を確実に前進させられるようになる**のです。

ネット記事を鵜呑《うの》みにして、表面的なテクニックだけを真似《まね》するのは、とっても危険なこと。

くれぐれも、焦って撃沈しないよう気をつけてくださいね。

PART1のまとめ

- 恋愛は普段の人間関係の延長線上にあるもの。恋愛だけを切り離して「成功させよう」とするのではなく、普段の人間関係からテコ入れしていこう。
- 好きな人の前で自然に振る舞えないのは当たり前のこと。だからこそ、感情をコントロールし、相手との関係性に応じて適切な行動をとる方法を学ぶ必要がある。
- 恋がうまくいかないのは、99%自滅が原因。告白してもフラれてしまう原因を、自ら作り出してしまっている。逆に、自分自身の原因を取り除くことができれば、恋は高い確率でうまくいく。
- ネット記事を鵜呑みにして、表面的なテクニックを真似するのは危険なこと。その場の状況に合った対応ができるようになって初めて、相手との関係を前進させられるようになる。

PART 2

知っておきたい
恋愛のしくみ

「恋愛のしくみ」を知らないと損をする

このＰＡＲＴでは、好きな人から好かれるために知っておくべき、恋愛のしくみやルールについて解説していきます。

なぜ、しくみを知る必要があるのでしょうか。

たとえば社会に出て、商談を進めようと思ったら、どうやって取引先に選んでもらうのか、値引き交渉にはどう対処するのかといった、ビジネスの基本を学ぶ必要があります。基本的なしくみを知らなければ、取引先に相手にしてもらうことさえできません。

恋愛もそれと同じです。失敗や勘違いを防ぐには、しくみを知るのが一番。

ですが、恋愛のしくみについて、学ぶ機会はほとんどありません。失敗しながら経験を積み重ねて身につけることはできますが、みんなが「別に失敗してもいいや」と思えるメンタルの強さを持っているなら、恋愛で悩んでいる人はこれほど多くはありませんよね。

だから、**繊細で傷つきやすい人ほど、恋愛のしくみを知っておく必要がある**んです。

なぜ人は「付き合いたい」と思うのか

そもそも、人はなぜ恋をするのでしょうか。これについては、多くの心理学者がさまざまな角度から研究しています。おもな説を2つ紹介します。

《子孫の繁栄》

よく知られているのが、恋愛を子孫の繁栄という視点からとらえた考え方です。

男性は健康な子孫を残すために、若くて外見の魅力的な女性を好んで恋をします。**男性は同時に複数の相手と子孫を残すことができるため、特定の相手にこだわらず、子孫の「質」より「量」を求める**傾向にあると考えられます。

それに対し、**女性には妊娠の可能性があり、一度に妊娠できる子どもの数は基本的に1人であるため、子孫の「量」より「質」を重視**します。その結果、女性は経済的に安定した年上の男性を求める傾向があると言われています。

《友愛的な恋愛》

恋愛には、友愛的な恋愛もあると言われています。これは、**異性間の友情が深まって好意に発展したもの。**幼《おさな》馴染《なじみ》や同級生がいつの間にか恋人同士になって結婚する、というようなケースです。

なぜ友愛が芽生えるかというと、人間には「誰かと一緒にいたい」と感じる、根本的な「親和欲求」があるからです。人は一人でいると不安になりますが、仲間がいると安心できます。そのため、仲間を求める行動を無意識的にとり、そのうち仲間に好意を持ったり、「自分に似ている」と感じたりするようになります。すると次第に好感度や親密度が高まり、「相手を助けてあげたい」「独占したい」という恋愛感情が生まれてくるのです。

恋が実る確率を上げていくのが恋愛の基本

「子孫の繁栄」という視点から見ると、イケメンや若い美女、お金持ちが断然有利です。しかしこうした恵まれた人は、世の中のほんの一握りですよね。「自分には関係ない……」と思った皆さん、安心してください。

人間には仲間を求める「親和欲求」があります。これを活用してコツコツと好感度や親密度を積み重ね、好きになってもらえる確率を上げていく。これが恋愛の基本です。

そして、**効率的にその確率を上げていくのに役立つのが、恋愛心理学のテクニック**です。

「0か100か思考」ではうまくいかない

「好きになってもらう確率を上げるっていうけど、コミュ障の自分にはできる気がしません……」

こんな相談もよく来ます。

傷つきやすく、相手の気持ちを気にしすぎてしまう人は、恋愛を「好かれるか嫌われるか」「付き合えるか付き合えないか」と、「0か100か思考」で考えています。

確かに、告白してOKがもらえるかどうかは、最終的には相手次第です。恋愛は相手があることなので、「OKがもらえる確率は90％」と思っていても、相手が「今は恋愛する

気分じゃない」とかたくなに考えていれば、付き合うことは難しいかもしれません。

一方で、**自分では「OKがもらえる確率を60%までしか上げられなかった」と思っていても、相手の状況によっては、付き合えることもあります。**

それは、「好き」に限らず、感情にはグラデーションがあるからです。「友だち寄りの好き」もあれば、「限りなく恋人に近い好き」もあります。「好き」の色は1種類ではなく、ほんのり色づく桜色からショッキングピンクまで、濃淡があるんです。

「どうせ付き合えないから、相手に話しかけてもムダ」と行動を起こさなければ、確率は永遠に0のまま。ですが、まずは「友だち寄りの好き」を目標に話しかけ、そこから**「限りな**

く恋人に近い好き」を目指して頑張っていけば、付き合える可能性は上がっていくのです。

恋が苦しいのは、「相手から選ばれる、選ばれない」「告白に成功した、失敗した」と0か100かで考えてしまうから。「付き合える確率が50%のところくらいまでは仲良くなれた」と、**グレーな状況も受け入れられるようになると、苦しい気持ちもやわらぎます。**

好きな相手と確実に付き合うための5つのステップ

4000人以上の恋愛相談にのる中でわかったのは、**次の5つのステップをすっ飛ばして、相手と付き合おうとしている人がとんでもなく多い、**ということです。

①自分を知ってもらう
②仲良くなる
③特別な存在になる
④デートに行く
⑤告白する

まだ①の段階で、顔見知り程度の関係なのに、いきなり④のデートに誘ったり、⑤の告白をしてしまったりする人がいます。

これでは、恋の成功率はガタ落ちです。

あなたにとって相手は、「最愛の人」「今すぐ付き合いたい人」ですが、相手にとってあなたは、単なる「顔見知り」か「友だち」にすぎません。その状態でいきなり告白しても、怖がられ、ドン引きされてしまうのがオチです。また、自分から話しかける勇気がなくて、相手に気づいてもらえるのをひたすら待ち、ずっと①のステップにいる人もいます。

もちろん、例外的にこれらのステップをすっ飛ばしてうまくいくケースもありますが、基本的にはこの5つのステップを順番に踏み、段階的に関係を深めていくのが、相手と付き合える確率を限りなく100%に近づけるポイントです。

恋愛を複雑にしているのは自分自身

この5つのステップを紹介すると、「確かにステップをすっ飛ばしていました……」と言う人もいれば、「恋愛ってそんな単純じゃないでしょ？」と言う人もいます。

実は、恋愛を複雑にしているのは、案外自分自身でもあったりします。**「今の自分と相手との関係性を正確に把握する」。それさえできれば、恋愛はいたってシンプルなものへと変わり、苦しい恋愛からあっという間に卒業できるのです。**

たとえば、友だちの恋人を好きになってしまった場合は、どうでしょうか。あなたの好きな人は、もし友だちと付き合っていなければ、あなたを恋人に選ぶでしょうか。

あなたが相手と親密な関係を築けていないのなら、よっぽどのミラクルが起きない限り、一生付き合うことはできないですよね。その状態で「友だちの恋人を好きになってしまった」と苦しむのは、問題を自ら複雑にしているだけなんです。

でも、絶望することはありません！　ここで大切なのは、「まだ親密な関係ではない」という相手との関係性を自覚すること。**現実を正しく受け止めることで、初めて恋愛のスタートラインに立てます。そこから、今より上の関係性を目指していけばいい**のです。

恋をしたら誰もがチンパンジー並みの脳になる

「ちょっと冷静になって考えてみて」

「今の自分と相手との関係性をちゃんと把握して」

先ほどからエラそうに言っていますが、誰かに恋すると人は冷静ではいられないし、判断力が鈍くなるのがデフォルトです。僕も大いに経験があります。

人は恋愛をすると、思考能力がチンパンジー並みにまで落ちると言われています。「この人のことが好き！」と感じると、**脳内麻薬と言われるドーパミンがドバドバ分泌され、脳が酩酊《めいてい》状態になってしまう**のです。

このときの思考能力では、およそ20分先の未来までしか考えられないのだそうです。よく女性は「『一生大切にするよ』って言ったくせに！ 嘘《うそ》つき！」と男性を責めますが、この言葉の持続力は、残念ながら20分しかないのです。

だから、「好き♡ 今すぐ付き合いたい」と気持ちが盛り上がったときほど、「危ない危ない、脳内麻薬に騙《だま》されるところだった」と、気持ちをクールダウンしてください。

「自分たちはどんな関係性だったっけ？　今は挨拶する程度の仲だから、いきなり告白しても付き合えるわけないや。とりあえず、次は仲良く話ができる関係性を目指そう！」

好きな人に好かれたいなら、こんなふうに自分を現実に引き戻し、いきなり告白↓自爆、というルートをたどらないようにしましょう。

PART 2のまとめ

- 失敗や勘違いを防ぐには「恋愛のしくみ」を知るのが一番。繊細で傷つきやすい人こそ、あらかじめ恋愛のしくみを学ぼう。
- 恋愛の基本は、「誰かと一緒にいたい」と感じる人間の「親和欲求」を活用して、コツコツと好感度を積み重ねていくことにある。
- 「好かれるか、嫌われるか」「付き合えるか、付き合えないか」といった「0か100か思考」では、恋愛はうまくいかない。「付き合える確率は50%」というグレーな状況を受け入れられるようになると、苦しい気持ちがラクになる。
- 付き合える確率を限りなく100%に近づけるポイントは、「好きな相手と確実に付き合うための5つのステップ」を順番に踏み、段階的に関係を深めていくこと。気持ちが盛り上がったときこそ、ステップをすっ飛ばさないよう落ち着いて。

PART 3

最速で
好感度を上げる
コミュニケーション術

人は意外と簡単に人を好きになる

いよいよＰＡＲＴ３からは実践編です。このＰＡＲＴでは、好きな人に告白してＯＫをもらうために、まず自分の存在を知ってもらい、仲良くなっていくための心理テクニックを紹介します。

「仲良くなるとか無理！　それができたら苦労しない！」と思う人もいるかもしれません。

でも、それは大きな勘違いです。

人から好かれるのも嫌われるのも、思いのほか簡単なことだったりします。自分では「この人のこういうところが好き」と思っていても、本当は「ちょっと親切にされたから」とか「友だちに恋人ができたと聞いて、誰かと付き合いたい気分になったから」といった理由で人を好きになることもめずらしくありません。

実際、クリスマス前に付き合い始めるカップルが増えるのは、「恋人がいないクリスマスは寂しい。だから好きな人が欲しい」という心理が働くからです。ラブソングがかかっているお店だと、ナンパの成功率が倍になるというデータもあります。

一方で、憧れていたアイドルがファッションや髪形を変えたとたん、「あれ？　そんなに好きだったっけ……」と、ふと冷めることもあります。

もし、本当にしっかりした価値基準があれば、こんなことは起こりませんよね。人は「この人のこういうところが好き」「自分のタイプはこういう人」と理性的に考えているつもりでも、実は「なんとなく好き」と感情で判断していることが多いんです。

だから、**心理テクニックを使ったコミュニケーションで、少しずつ相手のプラスの感情を積み上げ、恋が叶う確率を上げていくことができる**というわけです。

「自分のことをよくわかってる！」と錯覚させる褒め方

「みんなと楽しそうに話してるのを見かけたけど、ほんと盛り上げ上手だよね！　でも、意外と一人で静かに過ごすのも嫌いじゃなさそうだよね」

好きな人に自分の存在を知ってもらってから間もないとき、一気に距離を詰めたいなら、こんなふうにアンビバレンスの法則で褒めるのが有効です。

アンビバレンスとは、**すべての物事に二面性がある**ということ。あなた自身にも、基本的には明るい性格であっても、苦手な人の前では黙り込んでしまう、なんていうところがあるのではないでしょうか。

だから、「いつも明るいね」と表に出ている一面を褒められても意外性を感じないし、「この人は自分のことを本当にはわかってないなぁ」と感じてしまいます。

そもそも、人には「自分はもっと複雑な人間だ」と思いたい心理があります。

だから、表に出ていない一面を褒められると「まだそれほど親しくないのに、なんで本当の私がわかったんだろう」と、相手をグッと身近に感じるのです。

アンビバレンスの法則は、仕事やサークルでチームメンバーのモチベーションを高めるときにも使えるテクニックです。ただし、褒めるときに「ほら、私はあなたのことよくわかってるでしょ？」みたいなドヤ感を出すと、効果が半減してしまいます。そのドヤ感に反発心がわいて、80％は「当たってる！」と思っていても、残り20％の「いや、そうでもないな」という部分に意識が向いてしまうからです。

これを防ぐには、「相手のことを言い当ててやろう」ではなく、**「褒めて相手を喜ばせよう」という意識を持つ**こと。「好きな人に好きになってもらい、付き合うこと」「仕事の仲間にやる気を出してもらうこと」という目的を忘れないようにしましょう。

話しかける勇気が出ない人は、類似性の法則を利用する

好きになる相手が、最初から話したことのある人とは限らないですよね。学生なら違うクラスの人、社会人であれば、異なる部署の人を好きになることもあると思います。

話したことがない相手を好きになったら、まずは自分の存在を知ってもらわないことには、始まりません。かといって、「なかなか自分からは話しかけられない……」という人が、ガンガン相手に話しかけにいくのは難しいはず。

そんなときは、**周りから攻めていきましょう。**学生なら、部活や出身中学・高校が同じ友だちを見つけるなどして好きな人のクラスに遊びに行く回数を増やし、**まずは相手の視界に入ることを目指します。**社会人も同様で、**好きな人がいる部署に知人や用事を作り、どんどん顔を出しにいきましょう。**

なぜ、周りから攻めていくのがいいのでしょうか。

それは、人は自分と類似点や共通点のある人に親近感を抱く、類似性の法則という心理

効果があるからです。

「共通の友だちがいる」ことが2人の共通点となって、「友だちの知り合いだから信頼できそう」「自分も仲良くなれそう」という印象を相手に与えることができるのです。

また、最初は話す内容より、顔を合わせる頻度や回数が大事です。

これは**人は顔を合わせる回数や頻度が増えると好感度が高まるためで、心理学では単純接触効果（ザイオンス効果）**と言われています。

つまり、たくさん話をしなくても、会釈や簡単な雑談を繰り返すことで相手にあなたの存在を意識づけられ、好感度を上げることができるのです。

自己開示＋返報性の法則で相手との共通点を探す

相手と話すチャンスが訪れたら、**相手との共通点を見つけ、好感度を上げていきましょう。**

先生・上司、共通の友だちの話、好きなゲームやマンガなど、なんでもかまいません。

ただ、**相手との関係性によっては、すぐに共通点が見つからないこともあるでしょう。**

その場合は、自分が知りたい情報について、自分から先に自己開示してください。自己開示とは文字通り、自分の個人的な情報をオープンにすることです。

● ケース１：趣味が知りたい

自分「最近、筋トレ動画を見ながら筋トレするのにハマってるんですよ」

相手「体動かすのって気持ちいいですよね。私もヨガインストラクターの人のYouTubeよく見てますよ。体が硬いんで、ちょっと人には見せられないんですけど」

自分「家だと人目を気にしなくて済むからいいですよね。僕、けっこう気にしいなんで」

相手「私もですよ。本当は教室で習いたいけど、勇気がなくて」

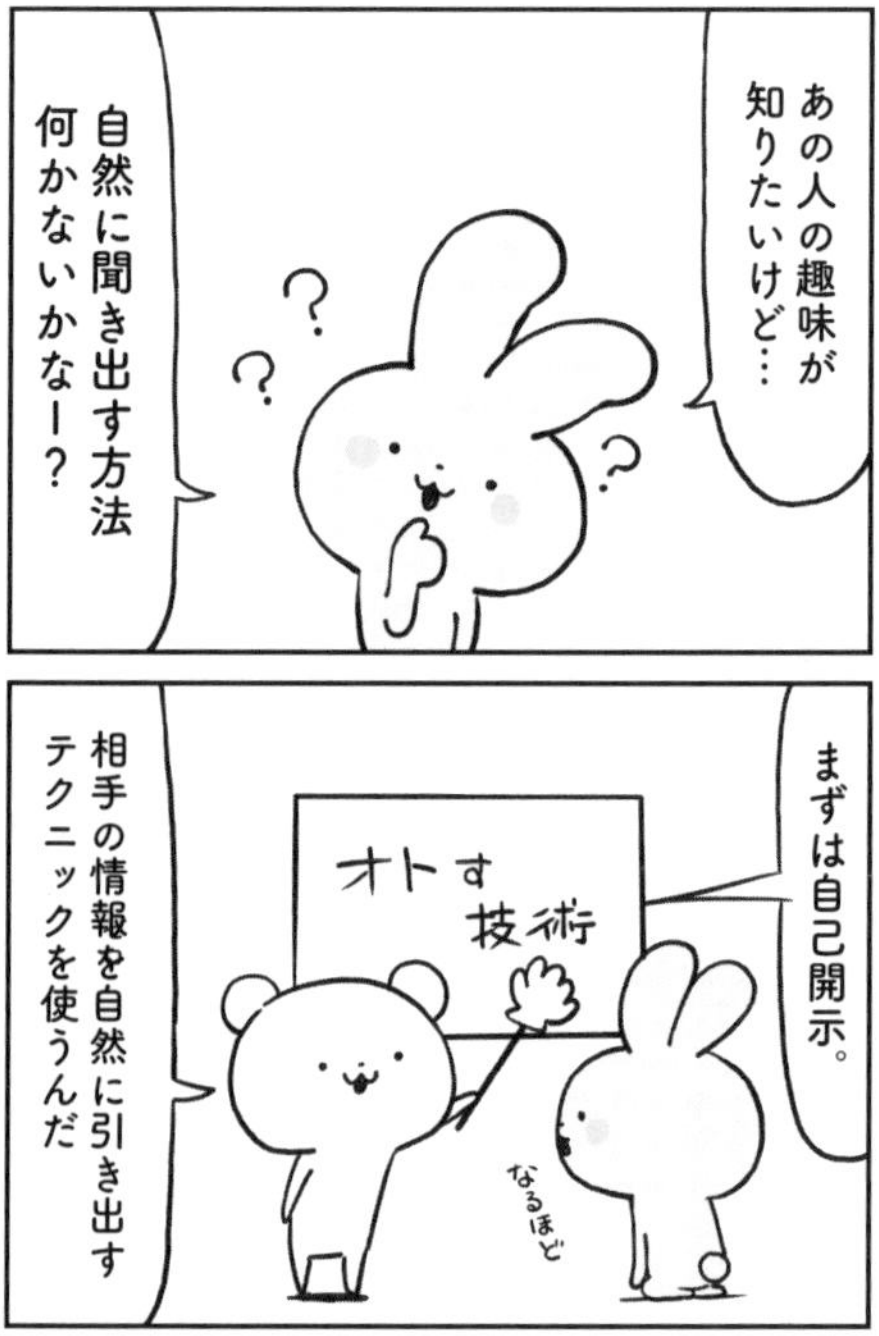

●ケース2：職場の人間関係で共通点を見つけたい

自分「はぁ……、今日、○○課長に叱られちゃいました。ミスした私が悪いんですけど」
相手「○○課長、気分屋だから気にしないほうがいいよ。俺もいっつも注意されてるし」
自分「そうなんですか？　○○さん（相手）はなんでもソツなくこなすタイプですよね」
相手「いやいや、そんなことないよ。○○課長とは何か合わないっていうか」

こんなふうに、**自分から先に情報を開示することで、相手には「これだけ与えられたのだから、自分も返さなくては」という返報性の法則が働きます。**

「趣味は何ですか？」「どういう性格ですか？」なんて面と向かって聞いたら、まるで職務質問をされているみたいで、気分がよいものではありませんよね。

そこで自己開示＋返報性の法則を使えば、「あなたのことが知りたい」という本音がバレることなく、自然に相手の情報を手に入れることができます。

これは、初対面で自己紹介するときや、相手の恋愛観、付き合ってきた人のタイプが知りたいときなどあらゆる場面で応用できる、便利なテクニックです。

共通の話題で親密度を上げる

好きな人との共通点が見つかったら、それを話題にして会話を続けていきましょう。人間の脳は、「快」の感情を与えてくれる人を信頼するようにできています。チョコを食べて、おいしいという「快」の感情が生まれると、もっと食べたいと手が伸びますよね。

恋愛や人間関係もそれと同じです。共通の話題で「そうそう」「わかる〜」「私も！」「僕も！」と盛り上がることで、相手に「快」の感情を与えることができるんです。

反対に、「私の友だちがね」「仕事でこんなことがあった」と自分にしかわからない話題について延々と話してしまうと、相手は話についてこられず、「快」の感情は起きません。

スムーズにＬＩＮＥ交換するテクニック

相手と仲良くなるには、連絡先の交換が欠かせません。**単純接触回数を増やすには、直接会うだけでなく、ＬＩＮＥやメールなどのやりとりも効果的**だからです。

ただし、交換のしかたも重要です。無理やり連絡先を聞き出すことはできるかもしれませんが、それではいくらメッセージを送っても返信がない、なんてことになりかねません。

相手から返信をもらえる確率が高いのは、どんな話題でしょうか。

それはやっぱり、「共通の話題」です。したがってＬＩＮＥ交換するときも、共通の話題を切り口にすることで、自然に連絡先を聞き出すことができます。

いくら盛り上がっていても話題はいつか尽きてしまいますが、むしろそのときがチャンス。会話が途切れそうになったら、**「もっと話したいので、LINE教えてもらえますか?」**と切り出しましょう。

なぜ共通の話題を切り口にすることでスムーズにＬＩＮＥが交換できるのかというと、自然にイエスセット話法を使っていることになるからです。

イエスセット話法とは、小さなイエス（=共感や同意）を積み重ねていくことで、大きなイエス（=LINE交換）を引き出す心理誘導のテクニックです。

常に一貫性を求めるのが人間の本能なので、ずっと「そうだよね！」と盛り上がっていたのに、そのあとのＬＩＮＥ交換の申し出だけを断るのはおかしいと感じてしまうんです。

「LINE教えて」とお願いする勇気が出ないときは？

ただ、好きな人に「LINE教えて」とお願いするのは、なかなか勇気のいることですよね。「好きってバレちゃったらどうしよう」「断られたら立ち直れない……」と怖くなって、なかなか一歩が踏み出せない人も多いと思います。

そんな皆さんに伝えたいのは、「行動しないリスクもある」ということです。

なぜなら、好きな人に好きになってもらうには、タイムリミットがあるから。

研究によって、**知り合ってから3カ月以上経《た》っても恋愛感情がわかない相手とは、恋愛関係に発展しにくい**ということが明らかになっています。

LINE交換が遅くなるほど、恋が叶う確率は下がっていきます。グズグズしている間に、他の誰かに奪われてしまうこともあるでしょう。**行動するリスク、しないリスクを天《てん》秤《びん》にかけ、それでも本当に勇気が出ないのか、もう一度よく考えてみてください。**

行動するリスク

- □失敗したら傷つく
- □嫌われる可能性もある
- □周囲にバレたらからかわれる

行動しないリスク

- □時間が経つほど告白の成功率が下がる
- □好きな人が他の誰かと付き合ってしまう
- □行動しなければ100%付き合えない

男性はスピードが勝負！　女性は長期戦もアリ

特に男性は、早く行動することをおすすめします。PART2で友情が恋に発展する「友愛的な恋愛」があるとお話ししましたが、実はこれには男女差があるからです。

女性は、初期の段階で相手が恋愛対象かそうでないかをはっきり区別する傾向があり、

3カ月以内に告白してこない相手に対しては、「自分に興味がないんだ」と引いてしまう可能性が高いのです。

女性は妊娠できる時期が限られていますし、相手が長く一緒にいるのにふさわしい人物かを見極める時間も必要です。だから、早い段階で付き合うかどうかを判断するんですね。話しかける、ＬＩＮＥ交換するという段階でつまずいていると、あっという間にタイムリミットがきてしまいます。「もっと早くアプローチすればよかった」と後悔することのないよう、スピード重視で一歩を踏み出しましょう。

一方男性は、友情と恋愛感情の境目があいまいで、長く親しくしていると友情が恋に変化しやすいと言われています。そのため、女性は男性ほどタイムリミットに縛られる必要はなく、長期戦も選択肢の一つです。

自分から「ＬＩＮＥ教えて」と言えない場合は？

相手が好きな人だから言えないのではなく、そもそも友だちに対して自分から「ＬＩＮＥ教えて」と言ったことがない、という人もいるかもしれません。

「ＬＩＮＥ教えて」というのは、相手に対する頼み事。普段から「人にものを頼む」という経験を積んでいないと、緊張するし、断られたときのショックも大きくなってしまいます。だから、失敗を恐れて行動できないのです。

こういう場合は、**うんと親しい相手を練習台にして、「一日1回、人に小さなお願い事をする」経験を積んでいきましょう。**

・親に「明日の夜、オムライスが食べたい」「妹より先にお風呂に入らせて」と頼んでみる

・親しい友だちに「あのマンガ貸して」「そのお菓子、一つちょうだい」とお願いしてみる

こうやって、自分の心に「相手へのお願い事」という負荷をかけ、心を鍛えていくのです。

何度も繰り返すうちに、断られることが怖くなくなり、「このタイミングで言えば聞いてもらいやすい」「このくらいなら、それほど仲が良くない相手にも聞いてもらえる」という勘も養われます。

もちろん、お願い事を聞いてもらったら、ちゃんとお礼を言うのを忘れないでくださいね。

「好きバレ」は有利？　不利？

好きバレは恋愛で有利なのか不利なのか。そんな質問もよく飛んできます。

恋愛ドラマを観ていると、話の序盤から主人公に対する「好き」を全開にして積極的にアプローチしてくる登場人物は、フラれるのがお約束になっていますよね。

実はこれ、心理学的にも理にかなっていることなんです。

バージニア大学で行われた、こんな恋愛心理学の調査があります。「オンラインデートに関する調査」という嘘の内容を伝えて集めた女子大生たちに、複数の男性の写真を見せ、「事前に彼らにあなたのFacebookを閲覧してもらって、好感度を調査しました」と伝えます。この好感度というのが、以下の3パターンです。

・とても好き
・好きでもなく嫌いでもなく普通
・好きなのか嫌いなのか決めかねている

相手がそう感じていることを把握した上で、女性たちがどの男性に興味を持ったかを調べたところ、女性が最も魅力的だと評価し、もっと知りたいと答えたのは「好きなのか嫌いなのか決めかねている」と回答した男性だったのです。

つまり、**好きバレは恋愛において「不利」。人は気持ちが読めない相手に、より好意を抱くからです。**

「好き」のテンションは相手のペースに合わせる

前項の調査は女性が対象だったので、男性にも当てはまるとは言えませんよね。
でも、やっぱり**好きバレは男女を問わず不利**です。

相手に好かれる会話テクニックの一つにペーシングがあります。これは**コミュニケーションを取るときに、話すスピードやテンションを相手のペースに合わせていく手法**です。

たとえば、相手の話すペースがあまりにゆっくりだと、イライラしてきますよね。また、同じアイドルを推していても、相手があまりに熱狂的にそのアイドルについて語っていると、「自分はそこまでじゃないな」と引いてしまうことってありませんか？

これはいったいどういうことかと言うと、人は話すペースだけでなく、自分と同じくらいのテンションの相手に、好感を抱くものなんです。

なので、相手があなたの存在を知ったばかりでちょっと雑談するくらいの関係のときは、「好き」のテンションを相手のペースに合わせていきましょう。

「好きバレしたほうが、そのあとの恋愛関係に発展しやすい」という意見もありますが、それは一目《ひとめ》惚《ぼ》れ同士だったり、すでに仲が良かったりして、お互いの「好き」のテンションが合っている場合に限ります。最初の段階で相手に引かれてしまわないよう、自分の「好き」をしっかりコントロールしていきましょう。

「好き避け」してしまう場合は「今できること」に集中する

「好きバレ」のほかに、「好き避け」というのもあります。僕が相談を受けた23歳の女性もそうでした。

「いつも好きな人を意識しすぎてそっけなく接してしまい、まったく進展しなくて。今も会社の同期が好きなのですが、うまくいきません」

これが相手のことが好きすぎるあまり避けてしまう、「好き避け」です。

「好き避け」の原因の9割は「考えすぎ」です。

彼女が「好き避け」行動をしてしまうときの思考回路は、こんな感じです。

自分からＬＩＮＥしたいけど、不自然だと思われたら嫌だな

←

好きだってバレたら、ウザがられてもう話してもらえないかもしれない

←

そもそも彼には好きな人がいるんじゃないだろうか

←

だったら好きになっても意味がない。やっぱりＬＩＮＥはやめておこう

←

とはいえ、やっぱり好きだし付き合いたい。ＬＩＮＥしたいけど、どうしよう……

こうやって、ぐるぐる同じことを考え続けてしまうことを、心理学では反すう（ぐるぐる）思考と言います。

こういうときは、「頑張って考えないようにしよう」と思っても逆効果。**脳は穏やかな**

幸福感よりも、ネガティブな考え事のほうにより強い刺激を感じる傾向があるからです。

そんな人は、次の方法を試してみてください。

《今の自分のステップをクリアすることに集中する》

考えすぎないためには、まず**「好きな相手と確実に付き合うための5つのステップ」で、自分が今どの段階にいるのかを確認し、そのステップをクリアすることに専念する**ことです。

①自分を知ってもらう
②仲良くなる　↑いまはココ
③特別な存在になる
④デートに行く
⑤告白する

会社の同期ということは、①はクリアできていて、②の段階でＬＩＮＥができず、つまずいているんですね。だったら、今は②をクリアすることに専念すべきです。前にも触れましたが、相手に好きな人がいてもいなくても、まずは自分が恋愛対象に入らなければ、悩むこと自体がムダになってしまいます。

先のことをあれこれ悩むのではなく、今自分ができることに集中する。するとネガティブな思考に引っ張られることがなくなります。目の前のことに集中すると、幸せを感じやすくなるということは、ハーバード大学の心理実験でも証明されています。

相談してくれた彼女には、「〝自然にLINEするにはどうするか〟だけに集中してみたら？」とアドバイスしました。その結果、彼女は同期会の幹事を引き受けて、彼に個人的な連絡をしてもおかしくないシチュエーションを作り、今は④のステップまで進んでいるとのこと。「付き合えました！」という報告が来るのを、楽しみにしているところです。

恋が生まれやすい8つのパターン

それでもなかなか話しかける勇気が出ない、LINE交換を言い出せない。そんなあなたのために、ここで裏技を紹介します。

好きな人と付き合うためには、5つのステップをクリアしていくのが確実ですが、唯一の裏技といえるのがこの「恋が生まれやすい8つのパターン」を利用することです。

このパターンを知っておくと、相手が「恋をしたい！」と思っているタイミングがわかったり、相手に悟られずに自分の好感度をこっそり上げたりすることができます。

「これを実践しただけで恋が叶う」という種類のものではありませんが、確実にあなたの恋をアシストし、**恋が叶う確率を高めてくれる**ので、ぜひ活用してみてください。

①社会的要因で恋が生まれる

人間は集団の中で暮らす社会的な動物なので、**「高校生や大学生になれば恋人がいて当たり前」という社会の一般的な考えに影響され、「自分も恋人が欲しい」と思うようになります。友だちに恋人ができたときも同じです。**

これは心理学で同調的恋心と呼ばれており、このタイミングを逃さずアプローチすると、恋が叶う確率が上がります。

②外的要因で恋が生まれる

気温や天気などの外的要因に、人は無意識のうちに左右されています。これらの外的要因は、**積極的に好感度を上げるというよりも、無駄に好感度を下げてしまわないために活用できる**要素の一つです。

たとえば「寒すぎる屋外で話しかけるより、室温が快適な会社の中で話しかけよう」「今日は大雨だから、デートに誘うのは今度にしよう」とアプローチのタイミングを調整することで、「なんとなくよい印象が持てない」と思われてしまうリスクを減らせます。

③相手の好きなタイプに自分を寄せることで恋が生まれる

人は自分の基準に合う人に魅力を感じます。いわゆる「好みのタイプ」というやつです。相手がロングヘアの女性が好きなら髪を伸ばす、優しい男性が好きなら紳士的に振る舞うなど、相手の好みのタイプに自分を寄せていけば、自《おの》ずと恋は生まれやすくなります。

「そんなの本当の自分じゃない……」と、抵抗を感じる人もいるかもしれませんが、恋が叶う確率を上げるには、**多少演じてでも相手から興味を持ってもらうことが必要**です。

あなたを本当に好きになってくれたら、好きなタイプから外れる見た目や振る舞いも受け入れてくれるようになるので、ここは割り切りが必要です。

④新しい環境で恋が生まれる

旅先やクラス替え、入学・入社・転職といった新しい環境に飛び込むタイミングでは、恋が生まれやすいと言われています。

新しいことに取り組むと、脳内麻薬のドーパミンの分泌量が増え、心臓がドキドキしたり、アクティブになったりします。これは恋をしたときの症状と似ているため、その状態で異性と会うと、恋のドキドキ感と錯覚して恋をしやすい状態になるのです。

このタイミングなら、多少強引に「LINE教えて」とアプローチしても成功する確率が上がります。

また、環境が変わると、好みのタイプも変わることが多いので、「自分は相手のタイプではないのかも」と気にすることなく、ガンガン積極的にアプローチしていきましょう。

⑤相互作用で恋が生まれる

相互作用とは、お互いに影響を与え合うこと。

ある実験では、相互作用の多い課題と少ない課題を男女2人1組で行ったところ、相互作用の多い課題に取り組んだ男女ほど、相手により大きな魅力を感じたという結果が出ています。

だから、一緒に仕事をするなど共同作業をした相手とは結束力が強まり、恋が生まれやすいのです。

たとえば、好きな人と同じサークルや委員会に入るなど、相手と一緒に仕事をし、相互作用を生む機会を作りましょう。

⑥相手を褒めると恋が生まれる

人は、自分に関心を示してくれた人や、自分を高く評価してくれた人に魅力を感じます。相手との関係を恋愛に発展させたいなら、褒めて褒めて褒めて褒めまくりましょう。

ただし、褒め方は相手のタイプによって変わってきますので、詳しくはＰＡＲＴ８の「12タイプ別攻略法」を参考にしてください。

⑦自分と似ていると恋が生まれる

これはすでにお話しした類似性の法則のことです。これに加え、見た目の魅力度が同じくらいというのも、恋が生まれやすい条件と言われています。

⑧自己評価次第で恋が生まれる

人を好きになるときは、自己評価も関係しています。自己評価は、自分で自分を評価したり、ありのままの自分を受け入れて大切にしたりする態度のことを言います。

失恋、受験の失敗、仕事でのミスなどをすると、「自分はダメだ」「もう人から評価されない、愛されない」と感じ、自己評価が下がってしまうこともあるかもしれません。

そして、**自己評価が下がっているときは、相手の魅力を14%、親密感を19%も低く見積もってしまう**という実験結果があります。

その結果、「こんな価値のない自分のことなんか好きになる人は気持ち悪い」という心理になってしまうんです。

したがって、相手の自己評価が下がっているときは、人を好きになりにくいため、アプローチのタイミングではありません。

一方で、「恋愛や仕事の相談にのってもらっているうちに、恋愛関係に発展した」という話もよく聞きますよね。これは、**相談にのることを通じて、「相手の自己評価を高めるための3つのアクション」を無意識に実践しているから**です。

①相手のありのままを受け入れる
↓「元気出しなよ」などと適当に励まさず、「大変だったね」と受け入れる。
②長所を褒める
↓二面性を使って褒める（42ページ参照）。
③一緒に困難を乗り越える
↓相談にのること自体が「一緒に困難を乗り越えること」に当てはまります。

恋愛相談にのれたらベストですが、もしそのチャンスがなくても、

・「元気がないように見えるけど、何かあった？」とLINEをする
・「いつもみんなが気づかないようなところでフォローしてくれるよね」と褒める
・2人で学校の課題に取り組むなど、小さな困難を一緒に乗り越える

といった小さなアクションを積み重ねることで、相手の自己評価&自分の好感度を高め、アプローチのチャンスを待ちましょう。

相手が好きすぎてつらい人は「好きな人を複数作れ」

「相手のことが好きすぎてつらい。告白したいけど、相手と気まずくなるのもイヤで、告白できずモヤモヤする」

こんなふうに悩む相談者さんに僕がよくするアドバイスは、「好きな人を複数作ったほうがいい」というものです。

「は!?　無理でしょ」と感じるかもしれませんが、先ほどお話しした通り、人は顔を合わせる回数や頻度が増えると、好感度が高まるもの。「いいな」と思う異性と接触回数を意識的に増やすことで、仲の良い異性の友だちを増やすことができます。

好きな人を複数作るメリットはいくつかありますが、最も大きいのが「恋心を調整できるようになる」ということ。これまでもお話ししてきた通り、相手を思う気持ちが大きいほど、焦って急速に距離を詰めようとしたり、舞い上がって思うように振る舞えなかったりします。好きな人を複数作り、恋心の強弱を調整できるようになることで、好きな人と早く付き合えるようになるのです。

同時に、**「好きな人を好きになりすぎて苦しい」という場合は、あえて顔を合わせたり、LINEをしたりする回数を減らす**と、自然に恋心が落ち着き、メンタルが安定してきます。「好きな人と会う回数を減らすなんて無理！」と思うかもしれませんが、新たにできた異性の友だちが、その心のすき間を埋めてくれるはずです。

大切なのは、**「恋心は自分で調整できる」という発想を持つこと。**暴れん坊の恋心を上手にコントロールすることで、あなたの好感度はアップし、恋が叶う確率が格段に上がります。

PART 3のまとめ

- 人は意外に簡単なことで、人を好きになる。だからこそ、心理テクニックを使ったコミュニケーションで相手のプラスの感情を積み上げ、恋が叶う確率を上げていくことができる。
- 人は自分と類似点や共通点のある人に親近感を抱く。そのため、コミュニケーションでは共通の話題で盛り上がり、話すペースやテンションも相手に合わせよう。
- 人は、顔を合わせる回数や頻度が増えると、自然と好感度が高まる。
- 相手の情報を自然に手に入れたいなら、まずは自分の情報を開示しよう。すると相手に「自分も返さなくては」という返報性の法則が働き、自分のことを教えてくれる。
- 知り合ってから3カ月以上経っても恋愛感情がわかない相手とは、恋愛関係に発展しにくい。LINE交換が遅くなるほど恋が叶う確率は下がっていくので、とにかく行動しよう。
- 人は気持ちが読めない相手により好意を抱くため、「好きバレ」は基本的に不利。恋心を自分でコントロールできるようになろう。

PART 4

好きな人と心の距離が近づくLINEテクニック

「面倒くさい」を封じるＬＩＮＥ術で、確実に返信をもらう

好きな人と無事ＬＩＮＥ交換できましたか？

ＬＩＮＥを教えてもらえると、それだけでもすごくうれしいですよね。でも、せっかくＬＩＮＥを交換できても、送った内容に返信をもらえないことには、恋愛関係に発展するどころか、仲良くなることすら難しくなってしまいます。

ＬＩＮＥは気軽に送れてしまうので勘違いしがちなのですが、「文章を考える→文字を打つ」には思考力と行動力が必要で、意外に面倒くさいものです。

あなた自身は好きな人からLINEがきたら、すぐ返信したくなることでしょう。「好き」というプラスの感情が、「面倒くさいな」というマイナスの感情を上回っているからです。でも相手はまだあなたのことを「好き」になってはいないので、返信をもらうには、

・「面倒くさい」「生理的に受けつけない」というマイナスの感情を生まない工夫
・「この人、なんとなくいいかも」というプラスの感情を積み上げていく工夫

が大切になってきます。

まずは確実にLINEに返信してもらい、心理学に基づいたLINEテクニックを使って、相手との心の距離を近づけていきましょう。それが、**「ただの知り合い」から「何でも話せる、特別な異性の友だち」へとステップアップしていくためのポイントです。**

好感度が上がるアイコン、下がるアイコン

LINEのアイコンは、メッセージをやりとりするたびに目にするもの。場合によって

は、リアルで顔を合わせるより、アイコンを見る回数のほうが多いかもしれません。それだけに、**アイコンは見た目と同じか、それ以上に恋愛の成否を大きく左右します。**

もし現在、あなたが好感度の低いアイコンを使っているなら、それを好感度の高いものに変えるだけで、整形並みの効果が得られます。「なんでもいいや」と手抜きせず、まずはアイコンから恋が実る確率を上げていきましょう。

好感度の下がるアイコンは、シンプルに「目にして気持ちがよくないもの」です。たとえば、次の3つが代表的です。

《①キメ顔の自撮り画像》

ナルシスト感が出てしまい、好感度ダウンは必至です。

《②気持ちが悪い画像》

ウケ狙いの変顔や虫などの気持ちが悪い画像は、当然好感度を下げます。

《③悲しい表情の画像、伏し目や後ろ向きなどで表情がわからない画像》

どちらも実際にそうではなくても、「ネガティブな性格なのかな？」「ちょっとメンヘラっぽい……」という印象を与えてしまいます。顔がよくわからない画像を使うなら、いっそ顔写真以外の画像を使ったほうが好印象です。

一方、好感度の上がるアイコンは、次の3つです。

《①他撮りの自分の写真で笑顔》

アイコン＝自分自身なので、**顔写真にしたほうが、相手に自分の印象を植え付けることができます。**自撮りより他撮りのほうが自然で好印象。顔の角度は、正面でも横顔でも、自分を魅力的に見せてくれる角度でＯＫです。

《②友だちと写っている画像》

友だちと写った写真を使うのも、ポジティブなイメージを与えることができるのでアリです。大人数ではなく、2～3人で写っている、顔がよくわかる写真を選びましょう。

《③可愛い動物の画像》

どうしても顔写真をのせることに抵抗があるなら、可愛《かわい》い動物の写真を選びましょう。

アイコンに使うとモテる色は？

身につけている服の色や、アイコンの背景色によっても、見る人に与える印象は大きく違ってきます。相手に好印象を与える色と、ネガティブな印象を与える色は、それぞれ次の通りです。

《ポジティブな印象を与える色》

- ホワイト……清潔感を与える色。説得力が増す色でもあるので、相手との信頼関係を構築するのにぴったりです。好き嫌いがない色なので、男女とも相手の好みを気にせず使えます。
- 暖色系……ピンク、オレンジ、イエロー、レッドなどの暖色系は、気持ちを高め興奮を起こす色。恋愛向きですが、人によって好き嫌いがあるため、使うときは好きな人の色の好みを把握してからにしましょう。

《ネガティブな印象を与える色》

- ブルー・ブラウン……落ち着きを与える色。恋愛につなげるには、相手にドキドキしてもらわなければいけないので避けましょう。
- グレー……控えめでニュートラルな印象を与える色。どっちつかずの優柔不断なイメージもあるので、恋愛向きではありません。
- ブラック……威圧感を与える色。スタイリッシュですが、「ちょっと怖そう」というイメージを与えることもあり、好感度アップにはつながらない色です。

アイコンの更新頻度は？

更新頻度は、**髪を切る頻度と同じくらいのペースがおすすめ**です。週1で髪を切ってイメチェンしている人がいたら、さすがに「暇なの？」「ナルシストなの？」と思われてしまいますが、2～3カ月に一度のイメチェンなら自然ですよね。

変化を作ることで「あ、アイコン変えたんだ」と自分の存在を意識させられますし、「どこで撮った写真なのかな」と相手の興味をそそるので、新しい話題も提供できます。

「アイコンで話題を提供するなんて、自分大好きって思われそうだし、やりたくない」と思う人もいるかもしれません。

でも、**最悪なのは相手の印象にまったく残らないこと。**アイコンが目に留まることで、途絶えていたＬＩＮＥのやりとりが復活できることもあるので、やらない手はありません。

「マッチング」で心の距離を縮める

せっかくＬＩＮＥでやりとりできるようになったのに、「なんとなくこの人とは合わない」と思われ、やりとりが途絶えてしまうことがあります。

そんな残念な事態を防ぐのに効果的なのが、ペーシングの一種であるマッチングです。

これは、声のトーンやテンポ、ボリュームを相手に合わせて話すことで、**「なんとなくこの人とは合うな」と親近感を生み出す心理テクニック**です。

たとえば、ポンポンとテンポ感のある会話をしたいのに、相手がこちらが話すたびに考え込んでいると、ちょっとイライラさせられてしまいますよね。反対に、ゆっくり話すタイプの人が、自分が話し終わらないうちに言葉をかぶせてくるようなせっかちな話し方をされたら、急《せ》き立てられているようで落ち着かない気持ちになるでしょう。

LINEでもそれは同じです。一、二文ずつ短文でメッセージをやりとりする人が、長文のLINEをもらったら、その文章量に圧を感じてしまいます。絵文字をあまり使わない人が、絵文字だらけのメッセージを見たら、「読みにくい……」と感じます。

だからこそ、**初めてメッセージをやりとりするときは相手のLINEのクセをチェックし、自分もそれに合わせていきま**

しょう。

《よくあるＬＩＮＥのクセ》

- 絵文字、顔文字、スタンプの使い方はどうか
- 文章量が多いか少ないか
- 行間はあけるかあけないか
- 一文が短いか長いか
- 句読点を使うか使わないか
- 最初と最後はどういうフレーズを使うか
- 改行のしかたはどうか

返信頻度は必ず相手に合わせる

好きな人からのＬＩＮＥには即レスしたくなるところですが、ここはグッと我慢。**返信のペースは、相手に合わせましょう。**1時間後に返信がくるならあなたも1時間後、10分

後ならあなたも10分後に合わせます。

「それでいいの？　返信が遅いのは脈ナシなんでしょ？」と感じますか？

確かに好きな人には即レスをしがちですが、どう書こうかじっくり悩むタイプだったり、そもそもLINEを頻繁に確認しないタイプもいたりと、**人によって返信頻度にはかなりバラつきがあります。**逆に、誰に対しても即レスする人もいるので、「即レス＝脈アリ」「返信が遅い＝脈ナシ」を鵜呑みにするのはやめましょう。

大切なのは、「あなたの好きな人が、どういう返信頻度を心地いいと感じるか」です。

1回のやりとりで話題は1つまで

「好き」という気持ちがあふれ出てしまうと、「昨日、何してた？　そういえば、○○の新曲聴いた？　すごいよかったよ」などと、1つのメッセージに聞きたいことをいくつも詰め込んでしまいがちです。

でも、脳は基本的にマルチタスクが苦手。2つ以上の質問を同時に判断・処理しなければならないメッセージは、相手に「返信するのが面倒くさい」と感じさせてしまいます。

1回のやりとりの話題は1つに絞り、相手にマイナスの感情を抱かせないようにしましょう。

共通の話題が尽きたら、どうすればいい？

共通の話題で話が弾み、「もっと話したいからLINE教えて」とLINEを交換できたなら、初めてのLINEでも「さっき話してた映画のことだけど……」とスムーズに盛り上がることができるはずです。

でも、問題はそのあと。僕の恋愛相談でも、「話すことがなくなったらどうすればいいですか？」という質問が、すごく多いんです。

こういうとき、「△△っていう友だちが○○と同じ高校にいたんだけど、知ってる？」「あのアニメみたことある？」と、新しい共通点を探そうとしていませんか？

しかしながら、**新しい話題を出すことで、好感度が下がってしまうリスクがある**んです。

人には認知的バランス理論という心理作用があり、相手と「好きなもの・嫌いなもの」が同じだと、相手の評価が上がります。逆に、相手が「興味がない」「嫌い」と感じる話題を出すと、「この人とはなんか合わない」と感じさせてしまうのです。

もちろん、新しい話題でまた盛り上がれれば問題ないのですが、

①好き
②嫌い
③興味がない

と3つのうち②と③に当てはまる可能性があるということは、それだけ好感度が下がるリスクがあるということ。したがって、**少し無理してでも「盛り上がっていた共通の話題」を引っ張ったほうがリスクは低い**のです。

それでも「どうしても話題がもたない。限界」という場合には、**「新しい話題を出すのは一日3つまで」にとどめ、リスクを最小限に抑えましょう。**

「共通点は多ければ多いほどいい」のワナ

「似ているところがあると好感度が上がるなら、次々と新しい話題を出してたくさん共通点を見つけたほうが、会話が弾むのでは？」と感じた人もいるのではないでしょうか。

実は、共通点に関するこんな実験結果があります。

被験者に16個の質問をして、自分と相手が似ている度合いを33％、50％、67％、100％で示してもらいました。

すると、**「50％似ている項目が10個あった人」よりも、「100％似ている項目が5個あった人」のほうが、好感度が高かった**のです。

つまり、共通点は「数」よりも「深さ」が重要ということ。できるだけ、一つの共通点を深掘りしていきましょう。

LINEが無限に続く「連想ゲーム式会話術」

共通点を深掘りすると言われても、どうすればいいのかわからない……。そんな人には、僕が心理学をもとに編み出した「連想ゲーム式会話術」がおすすめです。

これは、**「共通の話題」の中から、さらに「自分との共通点」を見つけ出し、プライベートな話題へと発展させていくやり方**です。

相手「あのアニメの主人公って、友だちいないタイプだよね」
自分「確かに！」
相手「戦闘シーンもすごいよね。他のアニメと比べても、あれが一番好き」
自分「かっこいいよね！　そういえば、俺も友だち少ないわ」
相手「私もだよ」
自分「えー見えない！　友だち多いタイプだと思ってた」
相手「こう見えて、けっこう無理して明るくしてるんだよ」

この方法で、共通の話題から自分の性格や生い立ち、過去の恋愛経験などプライベートな話ができるようになれば、グッと心の距離が縮まります。

「何を話せばいいの？」と悩んだら、まずは共通点の深掘りから始めましょう。

好きな人との絆がさらに深まる最強の質問

「〇〇の好きなアニメの中で、俺（私）の好きそうなおすすめ教えて」

会話に困ったときの必殺技がコレです。もちろん、アニメでなくても、アーティストでも映画でもマンガでも、相手の好きなものならなんでもかまいません。人は自分が好きなものを誰かと共有することに喜びを感じるので、喜んで教えてくれるはずです。

さらに、「俺（私）の好きそうな」と限定することで、「考えてみたら、この人と私、意外に好きなものが被《かぶ》っているな」と、相手があなたとの共通点を見つけ出してくれます。

おすすめしてもらえたら、さっそく作品をみて、感想を伝えましょう。能動的に共通点を作りにいくことで、相手との絆《きずな》がさらに深まるはずです。

3割増しのリアクションで「この人と話していると気持ちいい」と思わせる

LINEやリアルの会話で相手が自分の質問に答えてくれたとき、あなたはどうリアクションしていますか？

せっかく相手が答えてくれたのに、雑なリアクションをしていませんか？

そんなことを続けていれば、相手も「聞いてきたくせに、本当は興味ないんじゃん」と嫌な気持ちになってしまいます。

逆に**リアクションがいいと相手はもっと話したくなるし、「この人と話していると気持**

ちいい」「この人は自分の話を聞いてくれる人だ」と信頼してもらえるようになります。

特にＬＩＮＥでは、声や表情、身振り手振りで表現できないぶん、感情が伝わりにくいのですが、記号や絵文字を適度に使いながら、**普段より3割増しのリアクションを心がけましょう。「ちょっと大げさかも」と感じるくらいがちょうどいいのです。**

《NGリアクション》

相手「趣味は食べることかな」

自分「へぇ、そうなんだ」

↓ただ相づちを打っただけの雑なリアクションです。あなた自身は相手の言うことにちゃんと同意したつもりでも、ＬＩＮＥでは伝わりません。

《OKリアクション》

相手「趣味は食べることかな」

自分「食べること!?　いいね！　オレも食べるの大好き!!　がっつり系もスイーツもどっちも大好物！」

↓これぐらいオーバーにリアクションしてはじめて、「自分の意見に賛同してくれている」ということが伝わります。

また、リアクションするときは、バックトラッキング（オウム返し）も効果的です。これについてはPART6で詳しく解説しますが、相手の言葉をそのまま繰り返すことが、「あなたの話を興味を持ってちゃんと聞いていますよ」というサインになります。

好かれたいなら、使わないほうがいい言葉とは？

A「それは運が悪かったね！」
B「それは運がよくなかったね！」

好きな人に好かれるには、どちらの表現を選ぶべきでしょうか。

答えは、B「それは運がよくなかったね！」です。

なぜかというと、プライミング効果と言って、**人は物事を判断するとき、直前に提示された情報に引きずられやすい**ためです。

たとえば、ＬＩＮＥで「私、カレーが大好きなんだよね！」と送られてきたとします。話題は恋愛ではないのに、「大好き」というワードにドキッとしたことはありませんか？これもプライミング効果の一種です。このように、関係のない文脈で出た言葉でも、相手の感情に働きかけることがあります。そのため、**「悪い」というネガティブな言葉を使うよりも、できるだけ「よい」というポジティブな言葉を使うようにしたほうが、あなた自身の印象もよくなる**というわけです。

未読スルーされるのはなぜ？

ＬＩＮＥが返ってこないどころか、既読もつかないとなると、「なんでだろう？」とモヤモヤしてしまいますよね。特に、ついこの前まで楽しくやりとりしていたのに、いきなり未読スルーをされてそのまま何日も放置されると、「ブロックされた？」「嫌われたのかな」と落ち込んでしまいます。

でも、よく考えてみてください。確かに好きな人に対して未読スルーする人はいませんが、じゃあ相手のことが嫌いだから未読スルーをするのかというと、必ずしもそんなことはありません。

忙しくてＬＩＮＥを見ていないだけかもしれないし、他に好きな人ができて夢中になっているのかもしれない。要するに、**あなたのことが嫌いだから未読スルーをしているわけではない**のです。

「未読スルー」と「嫌われている」という因果関係のない２つの事象を結びつけて悩むより、相手が「早く返信したくなる」メッセージを送ることに意識を向けましょう。

未読スルーを防ぐ3つの方法

メッセージが未読スルーされるのには、ちゃんと理由があります。理由を知って防止法を実践していけば、やりとりが続く確率を上げることができるんです。

未読スルーの防ぎ方には、次の３つの方法があります。自分のメッセージを読み返し、チェックしてみましょう。

①文章をわかりやすくする

未読スルーで悩む人からのメッセージは、一生懸命書いていることは伝わってくるものの、文章がわかりづらいことが多いんです。

あなたも、こんな文章を送ってしまっていませんか？

・一文が長すぎる
・改行がない
・句読点が多すぎたり少なすぎたりする
・誤字が多い

こうした**読みにくいメッセージは、いくら自分が興味のある話題だったとしても、理解するのに頭を使わなければなりません。**だから、「よくわからないからいいや……」と未読のままになってしまうのです。

文章を打ったらすぐに送るのはＮＧ。スムーズに相手に伝わる文面になっているか、何度も読み返して確認したあとで送るようにしましょう。

②答えにくい質問をしない

「答えにくい質問」も、未読スルーにつながります。

たとえば、次のような質問をしてしまっていませんか？

・答えに迷う質問（「〇〇ってどう思う？」など、何通りもの答え方がある質問をする）
・踏み込みすぎた質問（知り合ったばかりなのに、過去の恋愛話などを無理に聞き出そうとする）

こうした**答えにくい質問をするなら、もっと仲良くなってから、もしくはリアルで会ったときにするのが正解**です。知り合ったばかりだと、どこまで自分のことを話すか判断に迷いますし、ＬＩＮＥだと微妙なニュアンスを伝えにくいので、メッセージを打つ手が止まってしまうからです。

仲良くなるまでは、相手が頭を使って考えなくても済むよう、イエス・ノーで答えられる質問や、二択から選んでもらう質問を心がけましょう。

●答えやすい質問例

自分「昨日いい天気だったね～どっか出かけた？」
相手「ずっと家にいたわ～」
自分「私もー！　ゲームしてた？　マンガ読んでた？」
相手「〇〇読んでたよ！」
自分「面白いよね！　私も大好き～！　今度話そ！」

③ワクワクさせる

ＬＩＮＥの会話は、トーク一覧に表示される最初の二文が勝負。仲良くなってＬＩＮＥが自然に続くようになるまでは、この二文で相手をワクワクさせないと、そもそもＬＩＮＥを開こうと思ってもらえず、未読スルーされる確率が上がってしまいます。

たとえば、こんな感じです。

「おはよー昨日、仕事で大変だったの？　大丈夫？」

仲が良ければこの文面もアリですが、知り合ったばかりだと「大変だった理由をいろいろ説明するのが面倒くさい」と、長押し↓未読スルーの道をたどる可能性が大です。

「おはよー実は昨日、□□から聞いたんだけど」

一方、こちらの文面なら**「え!? 何を聞いたんだろう? 続きが気になる!」と、瞬間的にLINEを開いてしまいますよね。**結局、このあと「昨日、仕事で大変だったんだって? 大丈夫?」と先ほどと同じ文面が続くのですが、ワクワク度はまったく違ってきます。

特別に面白い話を考える必要はありません。同じ文面でも、キーワードをあえて後回しにしたり、出来事よりも自分の感想や気持ちを先に書いたりすることで、相手の興味を引き、未読スルーを防ぐことができます。

これは、人は**中途半端に終わった事柄に対して「完結させたい」という意識が働く**という、ツァイガルニク効果を利用したテクニックです。

よく、アニメやドラマが、何か事件が起きたタイミングで「来週に続く」と終わるのも、この効果を利用しているためです。寸止め状態で持ち越されるため、次週もその番組を必ずチェックしたくなるのです。

ＬＩＮＥも同じで、最初の二文だけでは内容がすべて把握できないように書くことで、相手を「続きを知りたい」という気持ちにさせることができるのです。

相手の好感度を上げる未読スルーの使い方

ツァイガルニク効果を未読スルーと絡めて上手に活用することで、恋愛のパワーバランスを逆転させ、「好きな人からモテる」という状態を作り出すこともできます。

ポイントは、相手のＬＩＮＥを未読状態にして寝ること。そして翌朝、返信します。

一日に何度もやりとりするより、毎日1往復ずつ長くLINEを続けたほうが、相手からの好感度は上がります。ＬＩＮＥのやりとりがその日のうちに完結してしまえばそれで終わりですが、未読状態にすることでツァイガルニク効果が働き、「早く返信こないかな」と、あなたのことを考える時間が増えていくんです。

あなたのことを考える時間の長さと好感度は比例するため、**相手はいつの間にかあなたを「気になる存在」と認識するようになる**というわけです。

「脈ナシ」を「脈アリ」に変える返信タイミング

心理学では、安定した関係のことを順応と呼びますが、この状態にある男女は友だち関係にとどまってしまいます。恋愛関係に発展させるには、この順応を壊すべく、**普段のルーティーンを崩して感情を揺さぶる**のが効果的です。

そのため、寝る前に未読状態→翌朝返信というリズムができて順応状態になったら、今度はランダムに「返信をする日」と「未読スルーして返さない日」を作っていきましょう。

すると相手は、「あれ？　これまでは毎日ＬＩＮＥきてたのに、今日はきてないな」と気になり出します。そして、本当は返信が遅いことを気にしているだけなのに、脳が「好意があるから気にしているんだ」と錯覚してしまうんです。

この錯覚を利用することで、相手がそれまであなたを恋愛対象として見ていなかったとしても、「あれ？　なんか○○のことが気になる」と、意識させられるようになります。

これは、**「自分はあなたにかかりっきりじゃないよ。他にも世界があるんだよ」というメッセージにもなるので、恋愛のパワーバランスで相手より優位に立てる**ようになります。

ただ、相手のＬＩＮＥを丸1日放置することになるので、頻繁に使うのはリスキーです。**使うのは週1回まで**にしてください。

好感度が爆下がり！　間違った未読スルーの使い方

未読スルーを上手に利用する上で、絶対に守らなければいけないことが一つあります。

それは、「自分に都合の悪いメッセージがきたときに、未読スルーで逃げない」こと。

いくら好きな相手とはいえ、面倒くさかったり、答えにくかったりする質問がきたときは、「未読スルーしたい」という誘惑にかられることもあると思います。

でも、普段はどんなＬＩＮＥにも返信がくるからこそ、返信がくるまで時間が空いたときに、「あれ？　どうしたんだろう」と気にかけてもらうことができます。

「都合の悪いＬＩＮＥは無視する人だ」と思われてしまったら、揺さぶりをかけても「また未読無視か。自分勝手な人だな」とあきれられるだけ。

よかれと思ってやった未読スルーで好感度を爆下げしてしまわないためにも、普段から自分の都合で未読スルーをしないように心がけましょう。

既読スルーされたときの対処法

メッセージを送ったあと、なかなか既読がつかないと「どうしたんだろう……」と気になってしまうものです。ようやく既読がついたと思ったら、何日も返信がない。そんな状態が続くと、「何がいけなかったのか」とぐるぐる考えてしまい、メンタルが不安定になる人もいるでしょう。

既読スルーには、次の3つのタイプがあります。

①単純ミス
↓相手がうっかり既読をつけたことに気づいていない。

②勘違い
↓こちらは話を続けるつもりだったのに、相手は「話は終わった」と思っている。

③LINEのやりとりを早く終わらせたい
↓何かしらの理由で、あなたとのLINEに対してプラスの感情より、マイナスの感情が上回ってしまっている。

「①単純ミス」や「②勘違い」なら、リアルで会ったときに確かめれば即解決です。でも、直接聞く勇気が出なかったり、すぐ会える機会がなかったりして確かめようがない場合には、「③LINEのやりとりを早く終わらせたい」の可能性も残ります。

こういう場合は、次の2ステップで解決していきましょう。

STEP1　LINEを再開する「きっかけ」を作る

今、あなたが既読スルーに悩んでいるのは、LINEを送るきっかけが見つからないから。そして、**既読スルーされてからきっかけを作ろうとしても、なかなか難しいものがあります。**

そのため、「そういえばあれ、どうなった?」とメッセージを送っても不自然ではない「業務連絡」的なものを、前もって複数作っておくのがおすすめです。

毎週オンエアされるアニメの話題、仕事の相談、貸し借りしていた本やDVD、「調べてほしい」「教えてほしい」とお願いしたりされたりしていたことなど、やりとりのきっかけになる小さなネタを普段から仕込んでおきましょう。

もし、「①単純ミス」や「②勘違い」なら、「あ、返信忘れてた」と、あっさりLINEでのやりとりが復活するでしょう。

STEP2　「スリーパー効果」を利用する

もし、STEP1で業務連絡LINEを送っても反応がない場合は、相手が「あなたとLINEを続けたくない」と考えている可能性があります。

ただ、まだ望みはあります。次のＬＩＮＥをするまで、1カ月ほど期間を空けましょう。

心理学的な交渉術の一つに、スリーパー効果というものがあります。「コスパがよくて本当にいい商品なんです」と営業された直後は、「この人は怪しい」「信頼できない」と感じたとしても、1カ月ほど時間が経つと「信頼できない」という人についての記憶は薄れ、「コスパがいい」という情報だけが記憶に残るというものです。

1カ月経てば、あなたに対するマイナスの感情よりも、「あのとき、このマンガの話をしたな」といった、2人で共有した話の中身のほうをよく覚えている状態にリセットされます。

それでも返信がないときは、残念ですがきっぱり諦めるしかありません。

でも、悲しむ必要はないんです。本来なら、「受験が終わるまで返信するのが難しくなる」「転職したばかりで今は余裕がないから」など、返信できない理由を相手に伝えるのが人としてのマナーです。それができていない人と付き合うことにならなくて、かえってよかったのかもしれません。

あなたを大切にしてくれる人と出会い、幸せになるための第一歩ととらえましょう！

最大の未読・既読スルー対策とは？

未読・既読スルーについての相談はとても多く、心をすり減らしている相談者の話を聞くたびに、僕自身も胸が痛みます。

ただ、そもそも**「LINEだけに頼った関係」は、とても危ういもの。**相手の立場で考えてみるとよくわかると思うのですが、リアルで仲の良い相手には、未読・既読スルーがしづらいと思いませんか？

なにより会ったときに気まずいですし、ずっと仲良くしていたいから、LINEを無視してしまうようなことはまずしないんです。

だから、相手からの返信が遅すぎる、無視されるという人は、いったんLINEから離れて、リアルで仲良くなることに集中することをおすすめします。

LINEをリアルとリンクさせる

せっかく話が盛り上がっても、それがLINEの中だけで完結してしまうと、リアルで会ったときに「あれ？　LINEのときとなんか違う」とギャップが生まれ、そこから先に発展しなくなってしまいます。LINEで会話が弾んだら、「今度、会って話の続きしようよ」と、必ずリアルとリンクさせていきましょう。

なかには**「LINEとリアルで同じ話をしてしまったら飽きられる」**人も少なくありません。

しかしそれは大きな勘違い。こちらは相手に特別な好意を抱いているので、LINEの内容までよく覚えていても、相手はまだそこまで熱量が高くないので、何を話したかはっきり覚えているわけではないからです。

なので、無理に新しい話題をひねり出さなくてもOK。心おきなく、LINEと同じ話題で盛り上がりましょう。

PART4のまとめ

- LINEのコミュニケーションにおいても、文章のスタイルや返信のペースを相手に合わせることで、親近感を生み出すことができる。
- 1つのメッセージに話題をいくつも盛り込むと、相手に「返信するのが面倒くさい」と感じさせてしまう。1回のやりとりの話題は1つに絞ろう。
- 新しい話題を出すより、共通の話題をなるべく引っ張ったほうが、好感度が下がるリスクは低い。また、共通の話題の中から、新しい共通点を見つけて次の話題に発展させる「連想ゲーム式会話術」を身につけることで、LINEを無限に続けられるようになる。
- 相手のLINEを未読のまま就寝し、翌朝返信することで、好感度を上げることができる。
- 普段から業務連絡を仕込んでおくことで、既読スルーされてもやりとりを復活できる。
- そもそも「LINEだけに頼った関係」は危ういもの。LINEとリアル、両方のコミュニケーションを大事にし、話題をリンクさせよう。

PART 5

「特別な人」になるための、あと一押しの心理テクニック

あなたが「特別な人」になれない理由

ＰＡＲＴ４のＬＩＮＥ術を試してみたけど、いつも連絡するのは自分から。リアルで会っても、プライベートについて踏み込んだ会話がなかなかできない。

このＰＡＲＴでは、こんなふうに「異性の友だち」状態が続いている人のために、「特別な人」へとステップアップする「あと一押し」の心理テクニックを紹介していきます。

2人の関係が進展しないのは、なぜか。それは、**相手の承認欲求を中途半端にしか満たしてあげられていない**からです。

承認欲求とは、「認められたい」「評価されたい」という、本能的な欲求のこと。ハーバード大学の実験によると、**「自分の意見や気持ちを語るとき（＝自分語りをするとき）」と「食事やお金による満足感を得ているとき」は、脳の同じ領域が活性化している**そうです。

「自分はそんな〝かまってちゃん〟じゃない」と思っている人も、おとなしく控えめそうに見える人も、食欲やお金を稼ぎたいという欲求と同じくらい、強烈な承認欲求を持っています。日常会話の4割、ツイートの5割が「自分語り」とも言われており、誰もが強すぎる承認欲求を持て余しているのです。

だからこそ、**人は自分の話したい話題をとことんしゃべらせてくれる相手に心を開き、「この人になら何でも話せる。この人は特別な人だ」という感情を抱きます。**

キャバクラやホストクラブにハマってしまう人が多いのも、キャバ嬢やホストが思う存分、承認欲求を満たしてくれるからなのです。

相手からLINEがこない人に足りないもの

「返信はしてくれるけれど、相手から主体的に連絡してきてくれることはないんです。これってどういうことですか?」という相談を受けることがあります。

その理由は、**あなたが相手からの「これを話したい」というパスを見逃している**から。

「好きな人とLINEしている」という事実に舞い上がってしまい、自分の話したいことばかりのメッセージを送っていませんか? もしくは、「どうやって好きになってもらおうか」ということばかりに気を取られ、相手の話をスルーしてしまっていませんか?

こうして他のことに気を取られていると、相手からのパスに気づくことができず、こんなチグハグな会話になりがちです。

《NG例》

自分「昨日、何してた？」
相手「△△のライブに行ってきたよ」
自分「ライブ行ってたんだ！」
相手「そう、△△って歌はもちろんだけど、**ステージの演出**がすごいんだよね」
自分「そうなんだ」
相手「アニメを使った**演出**もあって、すごい盛り上がってた！」
自分「へぇ～どんな**アニメ**？」

どこが間違いポイントかわかりますか？
一番の間違いは、最後の返答です。「へぇ～どんなアニメ？」ではなく**「他にどんな演出があったの？」と返すのが正解**です。
相手の「アニメを使った演出もあって」というフレーズは、アニメに興味があってアニメの話をしているのではなく、ステージ演出の話の一つとしてアニメの話をしているだけ。だから、相手がメインでしたい話は、ライブ自体の話やステージ演出の話なんです。

それなのに、ここでアニメについて質問してしまうと、相手がしたい話ではなくなってしまい、「この人との会話はつまらないな」と思われてしまいます。そこからわざわざ自分のしたい話に戻すのも疲れてしまうので、結果的に相手は話を切り上げてしまい、やりとりは長続きしません。

実は、好きな人と会話が盛り上がるチャンスは、どんな人にも与えられています。相手の言葉の中から相手が一番話したいことをきちんと見抜いて話を広げていけば、あなたと話すことを楽しいと思ってもらえるのです。**チャンスがないのではなく、チャンスを無駄にしてしまっている**わけです。

《OK例》

自分「昨日、何してた？」
相手「△△のライブに行ってきたよ」
自分「ライブ！　いいなー！」

相手「そう、△△って歌はもちろんだけど、**ステージの演出**がすごいんだよね」
自分「そうなんだ！　**演出って映像とか？**」
相手「アニメを使った**演出**もあって、すごい盛り上がってた！」
自分「**他にどんな演出**があったの？」

相手の話に興味があることを示していますし、相手が一番したいステージ演出の話を広げていますね。相手はあなたとのやりとりで「自分の話したいことが話せた」「会話が盛り上がって楽しかった」という体験を積み重ね、次に△△に関しての話題やライブの話題が出たときに、興味を持って聞いてくれる相手としてあなたに連絡をしようという気持ちになります。

相手からのチャンスボールをきちんと拾って投げ返すことで、そのときのやりとりが長続きするだけでなく、次のやりとりにつなげることができるのです。

コミュニケーションは継続しないと意味がない

ドイツの心理学者エビングハウスによれば、人は記憶のうち、

- ・20分後には42％
- ・1時間後には56％
- ・1日後には74％
- ・1カ月後には79％

を忘れてしまうと言います。

LINEやリアルで**どんなに楽しく盛り上がっても、たった1時間で半分以上記憶から消えてしまう**んです。

楽しさを演出した側＝あなたは「してあげた」という意識があるので忘れにくいのですが、してもらった側は受け身のため、あなたほどは覚えていないものです。

だからこそ「この前、盛り上がったから今日はいいや」と気を抜くのはNG。**「あなたとずっと一緒にいたい」と思わせたいなら、24時間365日、「相手が主役」のコミュニ**

ケーションを続けていく気合が必要なのです。

話が盛り上がらない原因は「準備不足」

相手が主役のコミュニケーションをしようと思ったら、相手の言葉やしぐさを観察しなければなりません。

そのため、その場で「どういう質問をしようかな」なんて考えていると、すぐ脳みそがキャパオーバーになって、相手が話したい話題に気づけません。

この事態を防ぐには、事前に準備をしておく。それしかありません。あらかじめ、ある程度質問を考えておいたり、相手の答えを予測したりしておくと、目の前の**相手のことだけに集中できるようになるので、会話が盛り上がる確率が爆上がりする**んです。

たとえば、相手に新しい話題を振るときは、「この質問をしたら、興味があればこういう答えが、なければこういう答えが返ってくるはず」と想像してみてください。

自分「そういえば、アニメってみる?」

相手「みるよ！『□□□□□□』とかめっちゃ泣いた」
↓相手はアニメが大好き。この話題を続ける。

相手「あー、あんまりみないかな」
相手「アニメかぁ。好きな人多いよね」
↓相手はアニメに興味なしor嫌い。他の話題に移る。

こうして事前にシミュレーションしておけば、相手のパスを見逃すことなく、**「盛り上がらなかったらどうしよう」という不安な気持ちも減らせます。**いいことずくめなので、試してみてくださいね。

最後の一押しは「秘密の共有」

ここまで積み上げてきた好感度や親密度を、「恋人寄り」まで一気にシフトチェンジす

る最後の一押しが、秘密の共有です。

ここで、**親友にも話せないような恥ずかしい秘密**を相手から引き出せれば、「そこまで親しくないはずなのに、秘密を打ち明けてしまった！」と脳がパニックを起こすんです。

すると、認知的不協和が起き、「この人は特別な人なんだ。だから秘密を打ち明けたんだ」と辻褄《つじつま》を合わせようとするため、これまで以上に親密度がアップします。**恥ずかしい秘密の具体的なテーマとしては、「過去の恋愛話」がベスト**です。

・別れた理由
・こっぴどくフラれた経験

・相手からの束縛、ストーカーすれすれ、DVなどのディープな話

あるアメリカの大学では、関係が長続きする男女の特徴を調べました。すると、**普通では話しづらい話題について話していたカップルほど関係が長続き**し、関係が長続きしないカップルは、無難な話題について話していたことがわかりました。このことからも、**人に話せないような秘密を打ち明け合うことは、親密度を高めてくれる**ことがわかります。

秘密を引き出すキラーワード

「恥ずかしい秘密を聞き出すなんて、自分には絶対ムリ！」と思う人もいるでしょう。

もちろん、過去の恋愛話を根掘り葉掘り聞き出そうとすると、警戒されてしまいます。

そのためまずは、**自分のほうから人には言えないような秘密を話す**ことが大切です。

「返報性の法則」を使って、とっておきのネタを自己開示してみましょう。

「どうしても勇気が出ない」という人は、次のキラーワードを使ってみてください。

「ちょっと恥ずかしい話なんだけど、ぶっちゃけトークしていい？」

これは、「恥ずかしい」と前置きして自分を落とし、相手を優位に立たせることで警戒心を解く、心理誘導のテクニックです。相手の心が開いた状態になることから、こちらの質問や頼み事を受け入れてくれる確率が高まるのです。

PART5のまとめ

- 人は、自分の話したい話題をとことんしゃべらせてくれる相手に心を開き、「この人は特別な人だ」という感情を抱く。自分の話したい話題に付き合わせるのではなく、相手からの「これを話したい」というパスに気づけるようになろう。
- 「どういう質問をしようかな」と考えながら話していると、相手が話したい話題に気づけず、話が盛り上がらない。目の前の相手のことだけに集中するために、事前にある程度質問を考えておくなど、しっかり準備をしよう。
- 「秘密の共有」をすることで、一気に親密度を上げることができる。まずは自分から秘密を話して、相手の秘密を引き出そう。また、「ちょっと恥ずかしいんだけど」と前置きして話すことで、相手の警戒心を解き、心を開いた状態にすることができる。

PART 6

自分を勇気づけ、相手を思い通りに動かす脳科学的デート術

デートにまつわる3つの勘違い

このPARTでは、断られないデートの誘い方から場所の選び方、別れ際のコミュニケーション方法など、デートで使えるテクニックを紹介していきます。

ただ、その前に確認してみてほしいのが、あなたのデートに対する考え方です。相談者さんたちの話を聞いていると、デートを神格化してしまい、大きな勘違いをしている人が多いからです。

《①両想いじゃないとデートしちゃいけない》

「両想いじゃないとデートじゃない」「大好きな相手とじゃないとデートに行っちゃいけない」と思い込んでいると、「好きな人から見て、自分はデートしてもらえる対象じゃない」と考え、自分でハードルを上げてしまいます。

でも、もしそれが本当なら、ものすごく勇気を振り絞らなければ、一生デートに誘えなくなってしまいますよね。

《②「デートしよう」と誘わなくてはいけない》

「『デートしよう』と言って誘わなくては」と思っている人がいるのですが、これも勘違い。2人で待ち合わせて遊びに行けば、それが結果的にデートになる、というだけです。

《③2人きりでなくてはデートとは呼べない》

2人きりのデートにハードルの高さを感じているなら、まずは「グループで遊びに行こう」と誘うのもあり。グループで出かけるのも、立派なデートの一種です。そこで仲良くなれば、2人きりのデートにも誘いやすくなります。

まずは2人きりの時間を作る

「いきなりデートに誘って、断られたら嫌だ」「まだ相手にとって特別な人になりきれているか自信がない」と後ろ向きになっている人は、ここで立ち止まってはいけません。**まずは、もっと小さなステップをクリアするために行動していきましょう。**

次のように、**デートに誘うよりもハードルの低い、2人きりになれる機会を作る**のです。

・2人で作業や課題をやる
・学校や会社から2人で帰る

こうして小さなステップからクリアすると、脳の側坐《そくざ》核《かく》という部位が刺激されて「ドーパミン」が分泌され、作業興奮と呼ばれる状態になります。やる気スイッチが入り、次のステップである「2人きりのデート」へと踏み出す勢いがつくのです。

まずは、LINEでの会話の流れから「〇〇の続きを話したいから、一緒に帰らない？」などと誘ってみましょう。

ここで相手に「2人で会っても危険じゃなかった」「話も盛り上がって楽しかった」と思ってもらえれば、お出かけデートにOKしてもらえる可能性も高まります。

「デートに誘ってもOK」の脈アリサインを見つける方法

「デートに誘って断られたら、恥ずかしくてもう二度とＬＩＮＥできない。誘っても絶対断られない脈アリサインがあればいいのに……」

そんなふうに思っている人は、次のような小さなお願い事をしてみましょう。

「コンビニ行くの？　よかったら、ついでに○○買ってきてくれる？」
「この前話してた記事、探しても見つからないんだけど、ＵＲＬわかる？」

このくらいのお願いなら、よっぽどのことがない限り引き受けてくれるでしょう。**ここでチェックすべきは、結果ではなく「引き受け方」です。**

小さいお願いとはいえ手間がかかることなので、「いいよ！」と快諾してくれたなら、「頼りにされてうれしい」「役に立ちたい」と思ってくれていると考えていいでしょう。小さなお願いを聞いてもらえたら、次はもう少し大きなお願いをしてみましょう。お願いを少しずつ大きくしていって、最後にデートのお願いをしてみましょう。

一方で、相手によっては「断れないタイプだから礼儀としてやっているだけ」という可能性もあります。他の人の頼みも同じように引き受けているなら、脈アリとは言えません。

自然な流れでデートに誘うのが難しい場合には、PART4のLINEテクニックや、PART5で紹介した相手が主役のコミュニケーション法を使い続けながら、もう少し様子を見てみましょう。

「特別な人」のはずなのに、デートの誘いを断られる理由

「特別な人」にステップアップできると、「よし、次はデートだ！」とうれしくなりますよね。そして張り切っていろんなデートスポットを調べ、自信満々で誘ったものの、なぜか断られてしまう……といったケースをよく耳にします。

それは、知り合ってから告白してOKをもらう流れの中で、**デートだけを切り離して考えてしまっているから**です。

あなたは好きな人と、ここまでどうやって仲良くなり、「特別な人」になることができたのでしょうか。

もし、「共通の趣味について深い話ができる」という点で特別だと思われているのなら、そこに沿った場所やデートに誘わなくてはいけません。共通の趣味がアニメなら、アニメ

に関するイベントやショップに誘うのが自然な流れです。

あるいは、「会社の同期の中で一番話しやすい」という点を相手が評価してくれているなら、「ＬＩＮＥだと込み入った話ができないから、今度はご飯を食べながら話さない？」と誘えば、まず断られることはないでしょう。

「自分はついに特別な人になれた」と思うと、どこに誘っても相手が喜んで来てくれると思ってしまいますが、そこが勘違いのポイント。

自分の存在を知ってもらい、共通の話題で仲良くなって特別な存在になった。その流れから外れるデートの誘い方をしてしまうと、せっかく作ってきた一連の流れが崩れ、相手との間にこんなギャップが生まれてしまいます。

自分「デートなんだから、それらしいテーマパークやレジャースポットに誘うべき」

相手「趣味の話ができるから楽しいのに、なぜ急に水族館？」

「頼れる相談相手だと思ってたのに、なぜ急にディズニーランド？」

つまり、**あなたは「デート＝どこに行っても楽しいはずだ」と思っていても、まだ相手**

には「趣味にまつわるお出かけやご飯くらいなら、行ってもいいかな」くらいの感覚しかないのです。だから、いきなりデートっぽい場所に誘うと唐突感があり、相手に「なんか思ってたのと違う……」と警戒心を抱かれてしまいます。

確実にOKされるデートの誘い方

脳は、物事を決断するとき、ストーリーを必要とします。ストーリーとは、別の言葉で言えば「言い訳」のことです。

たとえば、お泊まりした女性が「終電なくなっちゃったから、仕方なく」と口にするのを聞いたことがあるのではないでしょうか。本心ではお泊まりしたくても、口に出したら軽く見られそうだから、「終電がなくなった」という言い訳を使うのです。

だから、女性をお持ち帰りするのがうまい男性はあえて終電に気づかないふりをし、「泊まるつもりはなかったけれど、終電がなかったから」という言い訳を用意してあげることで、「お泊まりする」という決断をアシストしているのです。

脳はラクしてトクできる道を選ぶので、「自分から泊まりたいと言えない」「帰ろうか迷っている」というストレスから解放されたくて、すぐにこの言い訳に飛びつきます。

人は自分の決断が正しいと思いたいので、それを補強してくれる**言い訳を一つではなく複数作っておく**ことで、相手に誘いをOKしてもらえる確率は飛躍的に上がります。

相手が「なんで○○（あなた）と出かけたの？」と友だちに聞かれたときに、「～だったから」と言い訳できる理由には、次のようなものがあります。

《言い訳の例》

・相手がもともと行きたかった場所

相手は「前々から行ってみたいところだったから」と言い訳できる。

・共通の趣味

相手は「2人とも△△が好きで」と言い訳できる。

・共通の用事

相手は「たまたま2人とも、◯◯する用事があったから」と言い訳できる。

・お互いに暇だった

「たまたま2人とも暇だったから、都合が合ったから」と言い訳できる。ただ、これ単独では「暇なだけで2人では出かけないでしょ」とツッコまれてしまうので、「前々から行ってみたいところで、聞いたらその日空いてるって言うから」と、他の言い訳と組み合わせられるようにしてください。

2回目につながらないデートの誘い方

1回目のデートに行くことには成功したけど、2回目のデートにつながらなかった。これもよく聞く悩みです。

こういうとき、「デート中に何か嫌われることしちゃったかな」「あのとき、あんなこと言わなければよかった」と、デート中の行動や言動に原因を求める人が多いんです。

でも、実は**原因は「1回目のデートに誘うとき」に発生していることがほとんど**です。

たとえば、こんなデートの誘い方をしていませんか？

「行きたい店があるんだけど、行こうよ」

「あの映画が見たいから、付き合って」

これでは、行きたい場所やお店、用事、イベントなどが、あなただけの希望を叶えるものになってしまっています。「○○（あなた）が行きたいって言ってるから、行ってあげようか」と、相手があなたに付き合う形になっている「受け身のデート」では、「楽しかった！　次もまたこの人と出かけたい」と思ってもらうことが難しくなるのです。

したがって、2回目のデートへとつなげたいなら、1回目のデートから「相手のしたいことに自分が付き合っている」という流れにもっていくこと。たとえば、こんな言い回しで話を振ってみましょう。

「どこか行ってみたい場所とかってある？」

「□□が好きだって言ってたけど、この前イベントやってたよね。行ったことある？」

そうすると、

「新大久保！　いまさらなんだけど、実はチーズハットグって食べたことないんだよね」
「結局、友だちの都合が悪くて行けなかったんだよね」

と、相手の要望が見えてきます。ここで「それなら一緒に行こうよ」と誘えば自然です。好きな人が前のめりに楽しんでくれるデートで、「次もまた行きたい」という気持ちを引き出しましょう。

1回目のデートには「ご飯デート」を選ぶべき理由

共通の話題はあるけれど、なかなかデートの約束につながらない。そんなときは、

「最近、気になってるお店とかある？」
「食べ物って何が好きなの？」

といった会話を取っかかりに、ご飯デートに誘ってみましょう。

映画デートも悪くないのですが、「話ができる」という点が、ご飯デートのいいところ。ＬＩＮＥではできなかった込み入った話をしたり、お互いをより深く知ることができます。

さらに、人は**食事による快楽を、目の前の人との会話による楽しさだと思い込む傾向が**あります。デートに食事が適しているのには、こうした理由もあるのです。

デート前に〇〇をすることで、緊張せずに当日を迎えられる

デートを成功させたいなら、事前にお店までの道のりを歩き、頭を使わなくてもたどりつけるよう、下見をしておきましょう。チェックしておきたいのは、

・待ち合わせる駅からお店までどういうルートを通るのか、何分くらいかかるのか

・仮にその店が閉まっていたら、代わりに立ち寄れるお店などが近くにあるか

といったところです。サッカーでホームよりアウェーのほうが勝率が低くなることからもわかるように、**慣れない場所だと普段より不安や緊張感が高まり、十分な実力を発揮できなくなります。**

緊張すると、デフォルトモードネットワークと呼ばれる、リラックスしているときにひらめきをもたらす神経回路の働きが低下してしまうのです。

せっかく好きな人と2人きりで話せるチャンスなのに、ぴったりの言葉が思いつかなかったり、緊張でおかしな行動をとってしまったりしたら台なしですよね。

また、デートには予期せぬ事態がつきものです。

これは男性の場合ですが、「店が予告なく閉まっていた」「食べたいメニューが売り切れだった」など、**予期せぬことが起きたとき、アタフタせず冷静に対処できるとモテます。**

ハンディキャップがあっても、まるでそんなものはないかのように堂々と振る舞うオスがメスに選ばれるという、進化生物学上の理論です。

下見をしておくと、突発的な出来事による動揺を最小限に抑えて落ち着いて対処することができ、かえってモテてしまうというわけです。しっかり準備して、ピンチをチャンス

に変えてしまいましょう。

デート前に紅茶を飲むといい2つの理由

下見をしても不安が消えない……。そんな人は、デートの5分前に紅茶を飲むことをおすすめします。早めに待ち合わせ場所に着いて、自動販売機やカフェでサクッと紅茶を飲んでから、相手に会うようにしてみましょう。

紅茶の効果については、こんな脳科学の実験で証明されています。

20～30代の男女が、コーヒー、紅茶、エナジードリンク、水を飲んだ5分後に、計算や記憶の問題に取り組み、脳の活動や自律神経、心理の状態について調べたところ、4種類の飲み物の中で、紅茶が次の2つについて、最も高い効果を持つことがわかったのです。

《①不安や緊張が強まるのを防ぐ》

紅茶を飲むと**自律神経のバランスが整い、必要以上に緊張が強まるのを防ぐ**ことができます。同時に、**活力や活気、ワクワク感、幸福感を高めてくれる効果**もあるので、緊張しすぎることなく、前向きにデートが楽しめます。

《②コミュニケーション能力がアップする》

紅茶には**脳の血流をよくし、脳機能を活性化してコミュニケーション能力をアップする効果**があります。特に**「長い会話」をするときに、強く効果が表れる**そうです。

さらに、紅茶には注意力や集中力の維持、**ワーキングメモリーの能力を高める効果**があることも判明しています。ワーキングメモリーとは、簡単に言えば記憶の引き出しから必要な記憶を選び出し、判断や行動に役立てる脳の働きのことです。

紅茶でワーキングメモリーを活性化しておけば、デート中盛り上がる会話のネタが見つかりやすくなるのです。

どうしても緊張するなら胃薬を持ち歩く

デートが不安すぎる、緊張しすぎてデート中にお腹《なか》が痛くなりそうだ。

そんなふうに前日からドキドキしている状態が続いているなら、お守りとして胃薬を持ち歩くことをおすすめします。

「胃薬＝お守りを持っているから、自分は大丈夫」という思い込みは、一見非科学的なようですが、プラシーボ効果とも呼ばれ、心理学的な効果があるとされています。

プラシーボとは偽薬のこと。効果がない偽薬でも「これを飲めば元気になる」と思い込むと、ドーパミンが分泌されて脳の中にある報酬中枢を刺激し、元気になるのです。

相手のテンションに＋１の明るさを上乗せする

一般的に「デートでは楽しそうにしたほうがいい」と言われますが、あなたのテンションが高すぎると、相手を困惑させてしまいます。PART3でお話ししたように、相手からの好感度を下げないためには、テンションを相手に合わせる必要があります。

ただ、せっかくのデートなら、やっぱり楽しく過ごしたいですよね。

そんなときは、相手より少しだけ笑顔を多めに、明るく振る舞ってみてください。**相手のテンションに＋１くらい笑顔や明るさを上乗せするイメージです。すると相手もそれにつられ、楽しい気分が増してムードがよくなります。**

これは、脳の中にあるミラーニューロンという**神経細胞の働きを使った誘導のテクニック**です。この神経細胞は「物真似ニューロン」とも呼ばれ、ダンスなどの動きを真似して覚えるときはもちろん、ちょっとした表情の変化も敏感にキャッチする働きがあります。

相手が笑顔だと自分も楽しくなって自然に笑顔になるし、逆に不機嫌だと、なんとなく不快な気分になりますよね。それは、このミラーニューロンの働きのせいなんです。

カップルが多い店を選ぶ

少しでも2人の雰囲気を恋愛モードに寄せたい。でも、あからさまにそんなことをしたら嫌われる。そんな悩みを解決してくれるのが、カップルが多い店を選ぶ、もしくはカップルが視界に入る席を選ぶことです。

気温や天気、音楽など、周りの外的要因によって、人への好感度が左右されることは、すでにお話ししてきましたが、それと同じように、**仲の良い恋人同士が目に入ると、「恋愛っていいいな」と潜在意識で思うようになります。**

お店は相手が指定してくることもありますし、店内が混み合っていれば席の指定は難しい場合もありますが、選べる余地があるときは、ぜひ取り入れてほしいテクニックです。

鉄板の話題はＬＩＮＥで盛り上がった話のハイライト

みんなが頭を悩ませているデートでの話題選びですが、考え方はＬＩＮＥのときと一緒。新しい話題を下手に出して盛り下がるよりも、**LINEで盛り上がった話の一番面白かった部分をネタにしたほうが、好感度を下げるリスクがありません。**

「あれが一番笑えたよね」と繰り返したり、自分の気になるポイントについて「もう少し詳しく聞いても大丈夫？」と、深掘りしていきましょう。

相手が過去に話したことを話題にする

これまで相手が口にしたテレビ番組や動画、映画、本、お店、話題のスポットなどは、メモをするなどして覚えておきましょう。デートで会ったときに「そういえば、あの映画観たよ」と話題にすれば、好印象を与えられます。

ご飯デートで相手が頼んだドリンクやメニューを覚えておき、もし次回のデートでもまた相手が同じものを頼んだら「この前も頼んでたよね、好きなの？」と聞いたりすると、相手に「自分に関心があるんだ」と感じさせることができます。

自分と意見が違っても、絶対に相手を否定しない

ある程度の時間を2人で過ごしていると、自分にはまったく興味がない話題になったり、相手の意見や考え方が自分と大きく違うことに気づいたりすることがあります。

でも、**絶対に否定してはダメ**です。

否定されて、うれしい人はいません。表向きには「いろんな考え方があるよね」と言っていても、内心では「この人に話しても不快になるだけ」と心を閉ざしてしまいます。

「この人といつも一緒にいたい」と思わせるには、「この人は常に自分を肯定してくれる」と思ってもらわなければなりません。

このとき役立つのが、バックトラッキングと質問を組み合わせた心理テクニックです。

まず、**相手の発した単語をオウム返しすることで、「しっかりあなたの話を聞いていますよ」とアピール**します。それに、**5W2H(なぜ＝Why・なにが＝What・いつ＝When・どこで＝Where・誰が＝Who・どうやって＝How・どれくらい＝How much）の質問を付け加える**ことで、相手を否定せずに、心の距離を縮められます。

このテクニックを使えば、たとえ写真に全然興味がなくても、こんなふうに楽しく話が続けられます。

相手「最近、写真にハマってるんだよね」
自分「写真にハマってるんだ！　どんな写真を撮ってるの？」
相手「食べ物が多いかな」
自分「食べ物が多いんだね！　外食と自炊、どっちをよく撮るの？」
相手「外食だよ！　自炊はするけど見ばえが……人には見せられない出来」

自分「見せられない出来って。これまで付き合った彼に好評だった料理は？」

2回目デートの約束は食事中にして成功率アップ

2回目のデートの約束は、1回目のデートの食事中にしてしまいましょう。

心理学用語にランチョンテクニックというものがあります。これは、相手と食事をしながら交渉するテクニックで、その場の会話にポジティブなイメージを持たせることができます。さらに、「食事の時間を楽しみたい」という思いから、無意識のうちに対立を避けようとするため、お願い事を受け入れてもらいやすくなるのです。

どれだけ盛り上がっても、デートは2時間で切り上げよ

「ようやくデートにこぎつけたのに、たった2時間？　鬼か！」と僕をののしりたくなった人もいるかもしれません。

でも、そんな人ほどデートは2時間で切り上げるようにしたほうがいいのです。

初デートの時間に関するデータを見てみると、だいたい3～5時間で終わらせるのが平均的なので、2時間は少し短く感じますよね。でも、これにはちゃんと理由があります。

最初のデートで一番やってはいけないのが、盛り下がった状態で別れること。「終わりよければすべてよし」という言葉があるように、**人は最後の記憶のほうが強く印象に残ります。**これをピークエンドの法則と言います。途中までは退屈だった映画でも、ラストで感動すれば「面白かった！」という感想になるのと同じです。

また、**デートの満足感をより高めてくれるのは「もっと話したかった」「もっと相手のことが知りたかった」と思う物足りなさ**です。

会話が弾んでいる中で、自分から「そろそろ帰ろうか」と切り出すのは勇気がいりますが、ご飯デートならそんな心配は無用です。店員さんが食器を下げにくるという外的要因を使って、「そろそろ……」と自然な流れで切り上げることができます。

別れ際に小さなプレゼントを渡す

これも、ピークエンドの法則を活用したテクニックです。

「最初のデートでプレゼント？　大げさで引かれそう」

そんなふうに感じたかもしれませんが、極端な話、プレゼントはアメ1個でもＯＫ。ちょっとしたお菓子やキーホルダー、ハンカチなど、500円前後の小さなプレゼントを別れ際に渡すことで**「最後にサプライズのプレゼントももらえて、楽しいデートだった！」と相手に印象づけることができます。**

デート後のありがとうＬＩＮＥの送り方

デート後のありがとうＬＩＮＥは、誘ったあなたから送りましょう。

ここで気をつけてほしいのは、デートを無事終えた安心感や興奮から、普段だったら送らないような自分本位なＬＩＮＥをよく考えずに送ってしまうことです。ここで送るありがとうＬＩＮＥによって、相手との距離がもっと近づいて恋愛関係に発展することもあれば、一気に冷められてしまうこともあります。そのため、ありがとうＬＩＮＥはとても重要です。

そこで、ありがとうＬＩＮＥを送る際の注意点、時間帯、文章のポイントをお伝えします。

《①注意点》

・重くなりすぎないようにする
　後ほど詳しく説明しますが、三文で返すようにしましょう。

・デート前からのやりとりの延長線上であることを忘れない

メッセージを送る前に、今までのやりとりを軽く見返してから送りましょう。デートで興奮した自分の気持ちをいい意味でリセットし、落ち着かせる効果があります。

《②時間帯は寝る前か翌朝》

デートをした後は自分だけでなく相手も普段とは違った感情を抱いている可能性があります。**デート後のありがとうＬＩＮＥは、相手と自分の気持ちをいい意味でリセットしつつ、縮まった距離感や好意レベルを保持する役割**があります。

テンションや感情が高まった状態でありがとうＬＩＮＥを送ってしまうと、そのやりとりが終わった後に糸がぷつんと切れてしまう可能性があります。そのため、デート後数時間経ってから、その日の寝る直前や翌朝などに送るようにしてください。

しかし、２日以上空けると「デートが楽しくなかったのかな？」「私に興味がないのかな？」と不安にさせてしまったり、デートの記憶自体が薄れてしまったりする可能性が高くなります。そこまでいくと、逆にありがとうＬＩＮＥの効果が薄れてしまうので、次の日までにＬＩＮＥを送りましょう。

《③文章のポイント》

どんな内容を送ればいいか悩んでしまう人も多いと思うので、失敗しないありがとうLINEの文章をお教えします。

「感謝＋デート中の具体的なポイント＋次回への期待」の構成で送りましょう。

この構成であれば、重たくなりすぎず、相手に適度な感謝と適度な好意を伝えることができます。

さらに、デート中に次回のデートの約束ができていなくても、自然な流れで次回の約束をすることもできますし、約束ができているのであれば期待感を高め、リマインドの効果も得ることができます。

2回目は映画デートで恋愛モードを高める

2回目のデートは、映画デートがおすすめです。ご飯デートより会話は減ってしまいますが、映画には2人の親密度を自然に高めてくれるメリットが、3つもあるからです。

《①恋愛映画で恋しやすいムードが作れる》

「恋愛映画は価値観の違いが出るから、一緒に観ないほうがいい」とも言われますが、僕が思うにそれは相手次第です。

「最近、恋愛映画って観てないんだけど、どういうのが人気なの？」
「あの恋愛映画、すごいヒットしてるみたいだけど、観た？」

こんなふうに話を振って相手がのってきたら、このチャンスをものにしましょう。

恋愛映画は、一緒に観るだけで「恋したい」という気分を盛り上げてくれる外的要因の一つ。恋愛気分が盛り上がったときに、身近にいるあなたが視野に入れば、無意識のうちに恋愛対象として意識させることが可能です。

こうした効果があるのは恋愛映画限定なので、恋愛映画を観る流れにならない場合は、もう一度ご飯デートを選択してもいいでしょう。

《②スティンザー効果で親密度がアップする》

心理的距離と物理的距離は比例します。**「デートでは横並びに座れ」**と聞いたことがある人も多いのではないでしょうか。

これは、会議などの座る位置で相手に与える印象が変わるという、スティンザー効果を恋愛に応用したものです。

・真正面に座る……緊張感が高まって衝突しやすい
・横並びで座る……味方になってくれやすい
・斜めに座る……緊張感がやわらぐので衝突しにくく、親しくなりやすい

親しくなりたいなら、カウンセリングポジションと言われる「斜めに座る」でもいいのですが、**恋愛関係に発展させたいなら最も距離感が近い「横並びで座る」がベスト**です。

人には「これ以上近づかれると不快」というパーソナルスペースがあり、友だちなら45cm程度、恋人なら15cm程度まで近づいてもOKだと言われています。横並びの場合、自ずと友だち以上のパーソナルスペースに侵入することになるので、「こんなに近づいている

ということは、心の距離が近いんだ」と相手の脳を錯覚させることができるんです。

でも、横並びのカウンター席や個室・半個室のカップルシートがあるお店は、恋愛感が強すぎて相手の警戒心を強めてしまう可能性もあります。その点、映画なら自然に横並びに座ることができるので、さりげなく親密度を高めるのにぴったりなのです。

《③暗闇効果が利用できる》

暗い場所で男女の距離が縮まり、恋愛感情を抱きやすくなることを暗闇効果といいます。

アメリカで行われた実験では、被験者の男女のグループをそれぞれ明るい部屋と暗い部屋に入れ、その後の成り行きを調べました。すると、明るい部屋の男女はあたりさわりのない会話を続けていたのに対し、暗い部屋の男女は距離感が近く、ボディタッチも増え、会話の内容もより踏み込んだものになったそうです。暗闇は顔や表情を隠してくれるので、お互い自分や相手の表情を気にせず、ディープな話ができるのです。

したがって、**3回目以降のデートでは、照明を落とした暗いお店でのデートも視野に入れて**いきましょう。

PART6のまとめ

- 「いきなりデートに誘う自信がない」という人は、2人で作業や課題に取り組んだり、学校や会社から一緒に帰るなど、2人きりになれる時間を作るところから始めよう。
- 初めてのデートは「ご飯デート」が王道。会話を楽しむことができるのに加えて、人は食事の楽しさを、目の前の相手との会話の楽しさだと思い込む傾向があるため。
- デート前には必ず下見をしよう。下見することで、デートの当日に緊張することなく、気の利いた会話ができるようになる。また、予想外の事態にも冷静に対処できるようになる。
- デート中の話題は、LINEで盛り上がった話のハイライトが無難。加えて、相手が過去に話したことを話題にすれば、好印象が与えられる。普段から、相手が口にした映画や本、お店の話題は、メモして覚えておくようにしよう。
- どれだけ盛り上がっても、デートは2時間で切り上げよう。「もっと話したかった」という物足りなさを残すことで、デートの満足感を高めることができる。

PART 7

脈アリ、脈ナシを見抜いて「告白」を成功させる方法

脈アリ、脈ナシは、簡単に変えられる

このＰＡＲＴでは、相手を観察して脈アリ、脈ナシを見抜き、「告白してＯＫと言ってもらう」ためのテクニックを紹介していきます。

順調にデートを重ねたら、いよいよ最終仕上げの「告白」のステップに入っていきます。

ただ、「自分は相手の好きなタイプじゃないから、脈ナシに決まってる」と、告白のステップへと進む前に、諦めてしまっている人もいるかもしれません。

しかしながら、**あなたが考えている脈アリ、脈ナシは、実は間違っている可能性が高い**です。こんな面白い研究があります。

イギリスで最大級の出会い系サイトの会員男女３６００人を分析したところ、男女ともに全体の98％もの人が、「実際に付き合ったり、魅力的に感じたりした人」と「理想のタイプ」は違うと答えました。つまり、ほぼ全員が自分の理想を簡単に変えているんです。

モテる人はこれを経験的に知っていて、脈ナシを脈アリに変える行動をとっています。

誰でも最初は脈ナシからスタートするのが当たり前。脈アリ、脈ナシは絶対的なもので

はなく、思いのほか簡単に変えられるものなんです。

好きバレせずに相手の気持ちを確かめる6つのポイント

「よく目が合う」「優しくしてくれる」「ＬＩＮＥの返信が速い」といった〝脈アリサイン〟は、相手のリアクションから判断するものばかり。しかしこれらは、相手のクセや習慣に左右される部分が大きいので、なかなかパターン化できません。

何度もデートを重ね、プライベートの悩みもたくさん聞いて脈アリだと思っていたのに、いざ告白したら「そんなつもりじゃなかった」とフラれてしまう場合は、こうした間違った脈アリサインを鵜呑みにしている可能性があります。

そもそも、面白くなくても気を使って笑ったり、相手に好意がなくても礼儀として親切にすることが習慣化している人もいます。人が意識して行うことには、「こう見せたい」という意図が隠されている場合もあれば、何も考えずに行動している場合もあるため、本音を読むのが難しいのです。

一方心理学では、本音は無意識の表情やしぐさ、言葉遣いとして表れると考えます。

ポイントは、普段から相手を観察しておき、自分と話すときに**「相手が普段とどう違うか」をチェックする**こと。好意を抱いていれば、何かしら普段と違う変化が表れます。眉の上がり方などで判別する方法もよく紹介されていますが、練習を積まないと見分けるのが難しいため、ここでは初心者でもすぐ見分けがつくものを中心に紹介しています。

しぐさや言葉遣いを観察する一番のメリットは、**好きバレせずに相手の本心がわかること**。「まだ告白する自信がない」「デートや告白前に、相手にバレずに気持ちを確かめたい」というときに活用できます。

ちなみに、脈ナシだったからといって落ち込んだり、諦めたりする必要はまったくありません。これを手がかりに、脈ナシを脈アリに変えていきましょう。

《①まばたき》

「脈アリだと多い、脈ナシだと少ない」と言われています。ただし、まばたきの頻度は人によってバラつきがあるもの。**「普段と比べてどう違うか」をチェック**しましょう。

《②目を合わせる長さ》

「じっと目を見てくると脈アリ」と言われますが、これも人によります。「友だち同士だと目を見て話しているのに、好きな人が相手だと照れ臭くて目をそらしてしまう」という人もいれば、「普段はそうでもないのに、好きな人のことは必要以上に見てしまう」という人も。これもまばたきと同じく、**「普段と比べてどう違うか」に注目**しましょう。

《③つま先の向き》

好きな人のつま先が自分に向いているかチェックしてみましょう。自分と話しているときだけでなく、あなたが別の人と話しているときのつま先の向きにも注目してください。**人は無意識のうちに、気になっている人の方につま先が向いてしまいます。**好きな人の前では、好きな気持ちを隠して冷静を装うことができたとしても、その人が他の人と話しているのが気になって、ついつま先がその人に向いてしまうのです。

僕はこれを人狼ゲームで実感しました。メンバーの中で嘘つきを複数人決め、嘘つきを見抜いていくゲームなのですが、嘘つき同士はお互い「嘘つきだ」とわかっているため、初心者ほどつま先が嘘つき仲間に向いてしまいます。シンプルですがわかりやすいので、大勢で話しているときなどに注目してみてください。

《④声のトーン》

心理学の実験では、男女ともに好きな人の前では声が低くなると言われています。一方で、テンションが上がると声のトーンは高くなります。

そのため、**好きな人の前では声のトーンが上がったり下がったりと、落差が生まれやすくなります。**デート中に、相手が一定のトーンで話しているなら、脈アリとは言えません。

《⑤枕詞が増える》

「絶対とは言えないけど」

「もし嫌だったら断ってくれて大丈夫なんだけど」

こんなふうに、弁明や言い訳めいた枕詞《まくらことば》をよく使ってくる場合には、相手はあなたに対して脈アリの可能性が大きいです。**「相手に嫌われたくない」「誤解されたくない」という心理が、言葉選びに表れている**のです。

《⑥「大丈夫?」「何でもいいよ」をよく使う》

これは、**恋愛経験が少ない人ほどよく使う、脈アリワード**です。

「大丈夫?」は、「相手に嫌われたくないから、ちゃんと確認しておきたい」という気持ちの表れ。「何でもいいよ」は、一見脈ナシワードのように感じますが、デートプランなどを具体的に提案してしまうことで「それなら行かない」と相手に断られてしまうのを回避したいという気持ちの表れです。

本来なら、行きたいところや食べたいものを話し合ってすり合わせればいいのですが、恋愛経験の少なさから、その自信がありません。「何でもいい」と言われたら、「気がないのかな」と早とちりせず、関係を進展させる努力を続けていきましょう。

恋のライバルを見抜ける意外な方法

学校なら休み時間、会社なら会議の場など、大人数で話す機会ってありますよね。

このとき、直接話しかけることなく、遠くから見ているだけで、「誰が誰に好意を持っているのか」を見抜く方法があります。

それは、「あくびをすること」。一般に、あくびは「やる気がない」とみられてしまうアクションですが、意外にも相手にバレずに好意を確かめる方法として活用できます。

あなたがあくびをしたとき、**もし好きな人があなたにつられてあくびをしたら、それは脈アリサイン**です。また、好きな人が偶然あくびをするようなことがあれば、よく周りを観察してみましょう。つられあくびをしている人が、あなたの恋のライバルです。

脈アリサインは言葉ではなく行動に表れる

無意識のしぐさや言葉遣い以外にも、脈アリ、脈ナシがはっきり表れるものがあります。

それが、「相手が自分のために、どれくらいリスクのある行動をとってくれるか」です。なかには「言葉でも脈アリかどうかわかるはず」と思う人もいるでしょう。しかし、もし「『デートはもう少し仲良くなってから』と言ってくれたってことは、脈アリ。相手は自分と仲良くなる気なんだし」と思っているとしたら、それは勘違いの可能性が高いです。相手の本心を見極めるには、行動に着目すること。口で言うだけならノーリスクですからね。

思わせぶりな言葉を口にしていても、理由をつけてデートの誘いをＯＫしてくれないなら脈ナシですし、言葉はそっけなくても、ちゃんとデートに来てくれるなら脈アリです。相手の**言葉だけを信用すると、場合によっては騙されてしまう危険もある**ので、くれぐれも注意してくださいね。

相手との関係値によって、脈アリサインの基準は変わる

脈アリ、脈ナシは、相手との関係値によっても変わってきます。

友だちになるときにとるリスクと、付き合うときにとるリスクは、重さが違います。

リスクの具体的な中身としては、次の3つがあります。

①時間のリスク（LINEのやりとりやデートで自分の時間が削られる）

②労力のリスク（LINEの文面を考えたり、デートで会話したりといった労力がかかる）

③お金のリスク（デートしたり、付き合い始めたりすることでお金がかかる）

先日、「好きだった人がLINE交換をOKしてくれました。これって脈アリですよね。すぐデートに誘いたいんですけど、大丈夫でしょうか」という質問がありました。

まず、**「友だちとして仲良くなる」という関係を目標とするなら、LINE交換をしてくれるのは脈アリサイン**です。このとき相手のリスクは、それほど大きくありません。LINEのやりとりに少し時間と労力がかかるだけです。

ただ、**「デートに誘ってOKしてもらう」という関係を目標とする場合には、LINE交換は脈アリ、脈ナシどちらとも判断できません。**

仮にデートに行くとなると、時間も労力もお金もかかるため、LINE交換のときより格段にリスクが上がります。LINE交換とデートに行くことでは、リスクの度合いがまったく違うので、「LINEが交換できた＝脈アリ」とは言えなくなるのです。

脈アリ、脈ナシを正しく判断するために、今自分はどのステップにいて、何を目標とするのかを明確にしていきましょう。

「両想い脈アリ」のサインで告白する自信をつける

「両想い脈アリ」のサインにはいろいろなものがありますが、ここでは相談者さんから「当たってました！」という声が多かった上位3つを紹介します。

《3位　恋バナが盛り上がる》

自己開示の度合いと親密度は比例するので、好みのタイプやフェチ、過去の恋愛体験など、ディープな恋バナが盛り上がるほど、両想いの確率はアップします。

ただ、「相手が単に恋バナ好きなだけだった」というケースもあるため、3位という結果になりました。

《2位　2週間以内にデートの予定を入れてくれた》

あなたとのデートを2週間以内に入れてくれたら、両想いの可能性はかなり高くなります。2週間以内だと、すでに他の予定が入っていたり、これから予定が入りそうだったりするはず。**他の予定より、あなたとのデートを優先してくれた可能性があるため、これは相手にしてみれば、かなりリスクをとった行動**と言えます。

《1位　友だちが「告白したらうまくいくよ」と言ってくれた》

どんなに気をつけていても、恋をすると人の脳はチンパンジー並みに判断力が落ちてしまい、冷静な判断ができなくなってしまいます。

だからこそ、信頼できる友だちに「今度、告白しようと思うんだけど、ＯＫしてもらえると思う？」と、客観的な意見を聞きましょう。

客観的な意見の大切さがわかる、海外の心理実験があります。

カップルが別れる時期を、次の４グループに予想してもらいました。

①カップル自身
②カップルの共通の友だち
③男性側の友だち
④女性側の友だち

このあと追跡調査を行い、カップルが実際に別れた時期と予想とを照らし合わせた結果、最も的中率が低かったのが、①のカップル自身でした。「自分のことは自分が一番知っている」と思いがちですが、それが大きな勘違いであることがわかる結果です。

そして、**最も的中率が高かったのが、④の女性側の友だち**です。女性はよく友だちと恋バナをするため、カップルの事情にも詳しく客観的に把握できているのです。

また、男性であっても、**これまでの2人の関係を友だちに打ち明けていれば、冷静で客観的な意見を聞くことは可能**です。

成功率は数値化して〝可視化〟する

友だちに意見を求めるときは、「何%くらいの確率でOKしてもらえると思う?」と成功の確率を具体的に数値化してもらいましょう。

「そんな適当な数字に意味あるの?」と思うかもしれませんが、ちゃんと意味があります。

病院では、患者が痛みの度合いを10段階で表す「ペインスケール」という評価方法を使います。痛みには個人差があるので、患者自身にしかその度合いはわからないからです。

恋愛もそれと同じで、「成功する」と思う確率は人それぞれ違います。友だちが「高い確率でOKがもらえると思うよ」と言っても、それが50%なのか80%なのかは不明です。

そのため、成功率を数値化し、〝可視化〟してもらいましょう。

また、数値化することの効果は、友だちに聞くときだけに限りません。2人の関係値のステップごとに、自分が考える成功率を数値化しておきましょう。

・LINE交換してもらえる確率
・恋バナを振ったら答えてくれる確率
・デートに誘ったらOKしてもらえる確率
・告白したらOKがもらえる確率

すると、**自分と相手の関係値がどれくらい進展したかが明確になってきます。**「LINEのやりとりが始まった当初は、恋バナを振って答えてくれる確率は10%くらいだったけど、今は60%くらいまできたから、そろそろまたチャレンジしてみようかな」といったように、アプローチの仕方を調整できるようになるのです。

電話をしたことがないのは脈ナシ？

「相手と距離を縮めるなら、電話したほうがいい？」「電話したことがないなら、脈アリとは言えない？」と、よく悩みのタネになる電話。

結論から言えば、付き合う前の電話は控えたほうが無難です。

まず、リアルで会うときのように「電話していい？」と約束しなければいけないので、相手の心理的なハードルが上がります。

さらに、電話では相手の表情が見えないのにＬＩＮＥのように考える時間がなく、臨機応変に話題を探したり、質問を繰り出したりしていかなければいけません。

リアルで会うときのように手間がかかり、ＬＩＮＥのように表情が見えないという、２つの大きな弱点が電話にはあるんです。

「電話できた＝親密になれたと錯覚して、舞い上がった発言をしてしまい、それ以来、相手がそっけなくなってしまった……」というケースもめずらしくありません。

また、仮に相手が脈ナシなら、あなたからの電話に「なんで？」と警戒したり、「面倒くさい……」と感じ、マイナスの感情を芽生えさせてしまいます。

一方脈アリなら、確実に電話を喜んでくれるでしょう。でも、電話を喜んでくれる関係になれているなら、そもそも電話をしなくても告白してＯＫがもらえるはずです。

つまり、電話はハイリスクノーリターンな悪手。**心の距離を縮めるなら、ＬＩＮＥだけ**

で十分です。相手からかかってくるならいいのですが、付き合うことを目指すなら、自分からあえて電話する必要はないんです。

告白してOKされる下地を作る、暗示のテクニック3選

好意を直接的にアピールするのは恥ずかしいし、好きバレする可能性もあります。でも、自分の思いはそれとなく伝えて、告白までの下地作りをしておきたいですよね。

そんなときにぴったりなのが、LINEやデートで使える暗示のテクニックです。

暗示というと、怪しげなイメージがありますが、「この暗示をかければ、相手が勝手に好きになってくれる」という種類のものではありません。「自分に好感を持ってほしい」「自分を恋愛対象として意識させたい」といった目的があって、初めて効果が発揮されるものです。

次に紹介する3つは、**最低限の自己開示でミステリアスな部分を残しながら、間接的に相手への好意を暗示するテクニック**です。間接的な表現なので、解釈は相手次第。すると、「それってどういう意味?」と相手が勝手に想像を膨らませ、あなたを恋愛対象とし

て意識してくれるようになるというわけです。

《①「○○だから話すんだけど」》

話題の前にこの言葉をつけることで、相手は**「自分にだけ話してくれたんだ」と思い込み、「自分は信頼されている」「特別な存在なんだ」と感じさせることができます。**

ちなみにこれは、相手のプライベートを聞き出したいときにも使えるテクニック。返報性の法則が働いて、「私も秘密を話さなきゃ」という気分にさせられます。

《②「○○と一緒にいると時間が経つのが早い」》

デートや会話の終盤で使うと

効果的です。**「あなたといると楽しい」という好意が間接的に伝わり、「私といると楽しい＝私のことが好きってこと?」と感じさせられます。**

《③「○○の△△のところが好き」とピンポイントで「好き」と言う》

「下手な冗談にも笑ってくれるところが好き」「○○（相手）のそういうところが好き」と、相手のある部分に対してピンポイントで「好き」と言うと、**「自分を好きってこと?　笑ってくれるところって限定してるから違うか」と、あれこれ思いをめぐらせるきっかけになり、相手はどんどんあなたを意識するようになります。**

脈アリが一気に脈ナシに転落するＮＧ行動

脈ナシから脈アリに簡単に変えられるということは、その逆もあるということ。せっかく脈アリサインが出ていても、一気に脈ナシに転落してしまうＮＧ行動とは、デートのときなどに**テーブルの上にスマホを出しっぱなしにする**ことです。

常に誰かとつながれてしまうスマホを目に入る場所に置くことは、第三者がデートに紛れ込んでいるのと同じこと。相手に「自分に集中してくれていない」という印象を与えてしまい、好感度がダダ下がりしてしまいます。

相手との関係性にもよりますが、**料理などの写真を撮るのも避けたほうが無難**です。「自分と会うことではなく、映える写真を撮ることが目的なのでは」と誤解される可能性があるからです。

また、**スマホが原因で会話が盛り上がらない**こともよくあります。自分自身もスマホに気が向いてしまうので、相手の話に集中しているつもりでもキーワードを聞き逃してしまうのです。

仕事などでメールやＬＩＮＥをチェックする必要があるときや、写真を撮りたいときは、「どうしてもメールをチェックしなきゃいけないから確認するね」「滅多にこういうところに来ないから、記念に写真撮ってもいいかな」と相手に断りを入れるようにすると、「自分との時間を大切にしてくれている」という印象を与えることができます。**仲良くなっても気遣いを忘れない**のが、脈アリ状態をキープするポイントです。

勇気を振り絞って告白してはいけない

告白やデートに誘う際、「勇気を振り絞らなければいけない」と思っていませんか？

僕はいつも「告白するのに勇気を振り絞るな！」と力説しています。

勇気が必要だと感じてしまうのは、「告白したらOKがもらえそう」という確証が得られていないシグナル。それぞれのステップで「LINEで会話が続くから仲良くなれたはず」「秘密の共有ができたから、そろそろデートに誘おうかな」「デートでも脈アリサインがあるから、そろそろ告白しても大丈夫だろう。成功率は80%以上あるはず」という確かな証拠を集めないままに告白しようとしているから、勇気が必要になってしまうのです。

LINEのやりとりを始めたばかりなのに、もう告白しようとしていませんか？　踏むべきステップをすっ飛ばしてしまっていないでしょうか。「勇気を振り絞らなくては」と感じたら、告白は中止してもう一度2人の関係を見直し、確証を集め直してみてください。

LINEで告白ってアリ？

相手の本当の気持ちは想像するしかない。だから、直接告白するのは怖いし、気まずくなるのも嫌。だから、ＬＩＮＥで告白してしまいたい。その気持ちはよくわかります。

でも、**LINEで告白したいと思うこと自体が、まだ告白するタイミングではないというサイン**です。

リアルで告白してＯＫがもらえる自信があれば、ＬＩＮＥで告白しても成功する可能性は高くなります。つまり、「直接告白するのが怖いからＬＩＮＥで告白したい」というのは、リアルでは告白する勇気が出ない、自信がないということです。

そもそもＬＩＮＥでの告白は、僕としてはおすすめしません。顔が見えないので相手に伝わる情報量が減ってしまうし、告白ＬＩＮＥを晒《さら》されてしまうリスクもあります。

「リアルでもＬＩＮＥでも、告白すればかなりの確率でＯＫしてもらえるはずだ」

そう思える日まで、地道に確証を集めていきましょう。

告白前に絶対的な自信をつける方法

成功確率は70％くらいはあると思うけれど、もうちょっと告白前に自信をつけておきたい。そんなときは、告白する直前のデートの終盤で、思い切って手を繋《つな》いでみてください。3回目のデートで告白する予定なら、2回目のデートのタイミングです。

ご飯デートなら、お店を出て駅に向かう道のりの途中がおすすめです。大事故を防ぐためにも、「手繋いでいい？」とひと言お願いをして、リスクを最小限に抑えましょう。

僕がこうアドバイスすると

「そんなの絶対無理！」と全力で拒否する相談者さんが多いのですが、自信をつけるには成功体験を積んでいくしかありません。

自信がないのは、「勇気がないから」「性格の問題だから」と考えがちですが、決してそうではありません。勇気がなくても、考え込んでしまう性格でも、人は自信があることについては積極的に行動できます。おしゃれなお店ではドキドキしてしまう人でも、好きなアイドルのライブ会場ではイキイキと踊っていたりしますよね。

では、何が違うのか。それは、いかに**成功体験を積んでいるか**です。人は、自分で設定した目標をクリアできると、それがたとえ小さなことでも自信になります。こうした小さな成功の積み重ねで、大きな目標にチャレンジする自信がついていくのです。先ほどの例だと、おしゃれなお店では成功体験が少なく、ライブ会場では成功体験が多いというだけのこと。要は、場数を踏んでいるかどうかなんです。

「ほぼ100％、ＯＫしてもらえるはず！」と自信をもって告白に臨みたいなら、「手繋いでいい？」をぜひ試してみてください。

もし、「手繋ぎはあまりにハードルが高い」という場合には、**「顔を寄せてひそひそ話をする」といった小さな成功体験でもＯＫ。**告白の瞬間にいくら頑張っても、できることは限られています。告白当日の成功確率を高めるために事前にできる仕込みは、可能な限り済ませておきましょう。

「相手から告白されたい♡」はアリ？

特に女性の場合は「男性から告白されたい」と思っている人も多いかもしれません。もちろん、相手に告白してもらうテクニックはありますが、僕はあまりおすすめはしません。

それは、告白されるためには、相手の「好き」のレベルが95%以上必要だから。「フラれるリスクがあっても告白したいほど好き」という熱量を相手に抱かせるのは、相当な時間と労力がかかります。

そう考えると、**フラれるリスクをとってでも、自分から告白するほうがラク**なんです。

「男性から告白したカップルのほうがうまくいく」という心理学の実験結果もあるにはあります。しかし、あるアンケートでは女性のうち3人に1人は告白した経験があると答え、今まで意識したことのなかった女性から告白された結果、男性の2人に1人が交際を始めたというデータもあります。

大切なのは、好きな人との関係ができるだけ長続きしていくこと。「どちらから告白するかはあまり関係ない」というのが実感です。

相手から告白されるための3つの条件

それでも、どうしても相手から告白してほしい。その場合の奥の手を紹介します。

大前提として、この手が使えるのは、相手との関係が「自分が告白したら基本ＯＫがもらえるだろう」というところまできているとき。**「そろそろかな？」と思っているのに、相手がなかなか告白してくれない、という場合に有効なテクニック**です。

何をすればいいのかというと、次の３つの条件をすべてクリアした上で、相手に**「好きな人、誰？」と聞いてみましょう。**

ちなみにこれは、**告白の成功率を高めるためのテクニックとしても使えます。**

《条件１　信頼関係を築く》

「この人に告白したら、言いふらされるかもしれない」と思われてしまうと、相手から告

白してもらうのは難しくなってしまいます。「秘密を守れる、信頼できる人だ」と相手に感じさせるには、次の10個について日頃から心がけておきましょう。

心理学的には、信頼と好意は同じ次元のポジティブな感情とされ、信頼されていれば、自ずと相手に好かれることができます。

①好きな人のことを周囲に話しすぎない
②他人の秘密を好きな人に話しすぎない
③相談や連絡を怠らない
④自分の弱みを話す
⑤人によって態度を変えない
⑥計画性がある
⑦ネガティブなことを言わない
⑧ごまかさない
⑨約束を守る
⑩相手を信頼する

《条件2　自分の価値を高める》

告白してもらうには「この人じゃなきゃダメなんだ」と相手に思ってもらう必要があります。そのためには、恋愛市場において自分の価値を高めるのが一番の近道です。

あなたの市場価値が高まると、相手には「誰かにとられてしまう前に、告白しなきゃ」という心理が働きます。これは、人は何かを得る喜びよりも、失って損をすることのほうに目が向くというプロスペクト理論を利用した誘導のテクニックです。

自分の市場価値を高める方法は次の2つです。

●他の異性からアプローチされる

仲が良い異性の友人が複数いる、というのでもかまいません。他の異性にも人気があるということが、あなたの市場価値を高めてくれます。

●秀でているところを作る

勉強やスポーツ、趣味でも何でもいいのですが、何か一つ秀でているところがあると、市場価値は高まります。「○○ってすごいんだって?」と人の話題に上がるような存在には、ファン心理が働き、相手が価値を高く見積もってくれるようになります。

1も2もなかなかハードルが高いですよね。ただし、これができないなら、「相手から告白してもらう」という望みは潔く捨てるべきです。相手の熱量を高めるというのは、それくらい大変な労力を必要とすることなのです。

《条件3　2人が付き合うことをイメージさせる》

条件1と2で理論上は告白してもらうことは可能です。

しかし、人間の意思決定のプロセスは、

まず「感情」があり、

↓

それによって「行動」を起こし、

↓

あとから理屈で「納得」する

という3ステップになっています。

相手を動かすには、いかに「感情」に訴えるかが大事。感情が動かなければ、相手から行動を起こしてくれることはないからです。

そこで、恋バナの出番です。感情を揺さぶって自分と付き合うことをイメージしてもらうために、次のような話題を振ってみてください。

・どんなデートが好きか（例：テーマパークとかもいいけど、近所をお散歩するのも好き）
・どんなカップルに憧れるか（例：人前ではサバサバ、2人きりだとラブラブ）
・恋人とどんなことをしてみたいか（例：海外で一緒にバンジージャンプしてみたい）

こうして3つの条件をクリアできたら、「好きな人、誰？」と聞いてみましょう。

相手が明らかにあなたに好意があるなら、思わず「あなたです！」と即答するはずです。

特に**男性は、女性の3〜4倍ほど「好き」という気持ちを伝えるのに時間がかかる**と言われています。感情を言葉にするのが苦手なのに加え、観察力も高くないので、相手の女性が本当に自分を好きなのかがわからないからです。

そのため、**恋バナなどでわかりやすい告白ＯＫサインを出すことで、男性から告白してもらえる確率は飛躍的にアップするのです。**

告白するなら16時以降の黄昏時を狙おう

告白の成功率を少しでも上げたいなら、黄昏時《たそがれどき》効果を使って告白しましょう。これは、**夕方から夜にかけての時間は、疲れや暗さのせいで人間の思考力や判断力が著しく低下することを逆手にとって、相手から「イエス」を引き出す心理テクニック**です。

これを裏付けるデータもあります。２００４年、大学生２００人を対象に、告白の成功・失敗を分ける要因について調べました。

すると、**告白に成功したグループでは16時から23時の告白が最も多く、**告白に失敗したグループでは11時から16時の告白が最も多いという結果になりました。

こんな姑息《こそく》な手段で両想いになってもすぐフラれそう……と思うかもしれませんが、

「いつ告白しよう」とグズグズしている時間が長いほど、好きな人が別の人に取られてしまうリスクも高くなってしまいます。それならば、成功の確率が多少低くても、こうした心理テクニックを使って成功率を底上げし、早めに勝負をかけるべきです。

それに、告白はあくまでゴールではなくスタート。告白を受け入れてもらうことで、恋人ならではのアプローチができるようになるので、断然有利です。物事の一部分だけにとらわれて、好きな人と付き合うチャンスを逃さないようにしてくださいね。

成功率を高めてくれる最強の告白の言葉

いよいよ告白の瞬間がやってきました。

「どういう言葉を使えば告白がうまくいきますか？」と質問を受けることも多いのですが、「この言葉さえ使えば間違いない」というものは、残念ながらありません。

たった一つの言葉や行動で相手の気持ちを動かすことはできません。いくら気の利いた言葉で告白しても、出会いからＬＩＮＥのやりとり、デートなどを通じて好感度や親密度を積み重ねていなければ、思うような効果は得られないからです。

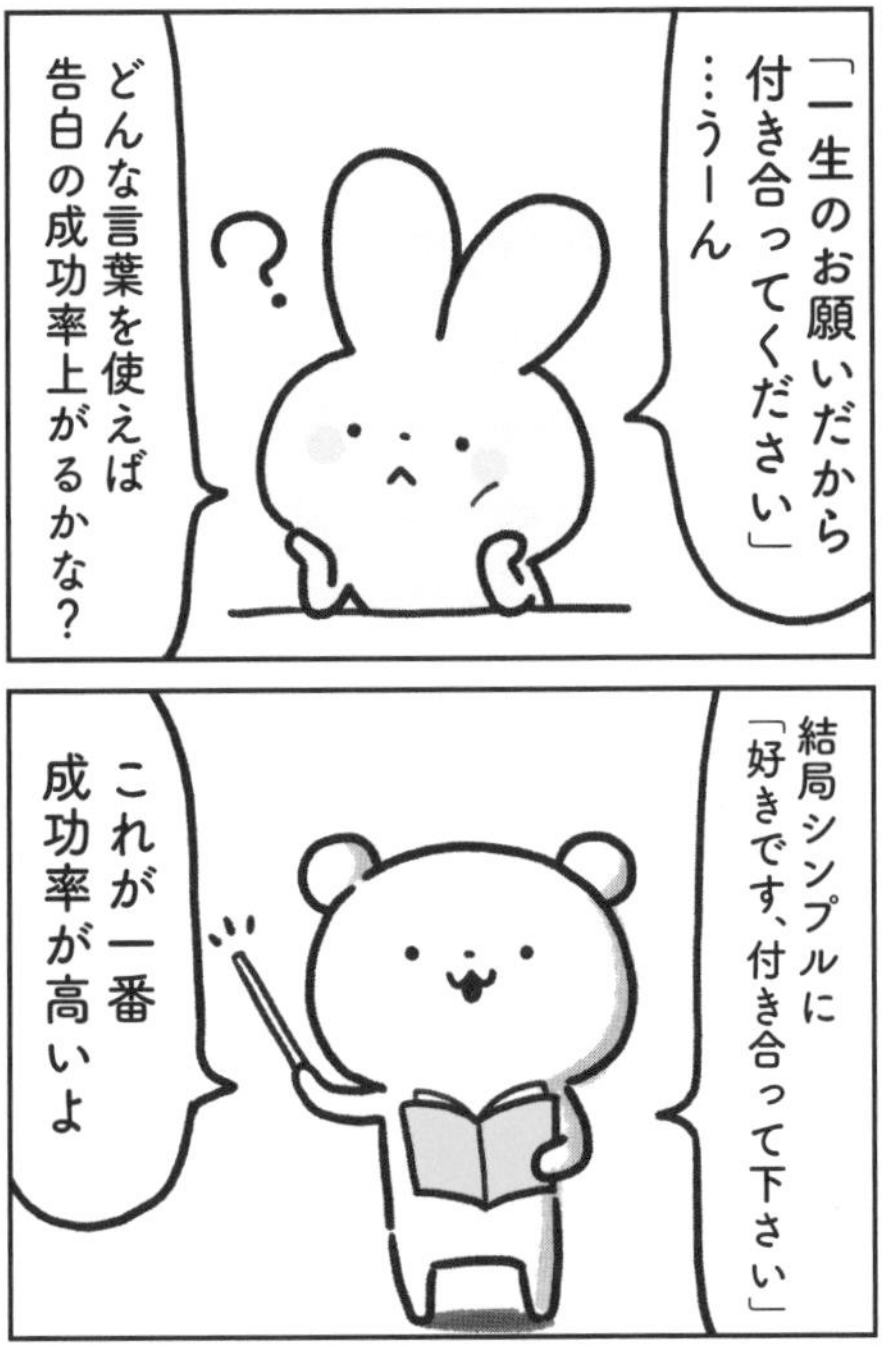

心理テクニックは、決してラクをするためのものではありません。「好きな人に告白してOKをもらう」ために、自分に足りないところを努力して埋めていき、その上で告白の成功率を上げるために使っていくものです。

逆に言えば、これまでの積み重ねがしっかりできていれば、告白の言葉はシンプルでOK。

「好きです。付き合ってください」

これが最強の告白ワードです。

それを科学的に証明しているこんな研究結果があります。

ある研究で、告白のしかたを次の3タイプに分類して、成功の見込みを調べました。

《タイプ1　単純型》

「好きです。付き合ってください」

「ずっと好きでした。付き合ってください」

《タイプ2　懇願型》

「一生のお願いだから付き合ってください」

「絶対幸せにするから、付き合ってください」

《タイプ3　理屈型》

「あなたと話しているだけで、幸せです。付き合ってください」

「最初に会ったときから好きでした。付き合ってください」

このなかで、**最も成功の見込みが高かったのは、タイプ1の「単純型」。**次に成功の見込みが高かったのが「理屈型」、一番成功の見込みが低かったのが「懇願型」でした。

ただし、「好きです」と「付き合ってください」のどちらか一方が欠けてしまうと、効果は半減してしまうこともわかっています。同じ研究の中で、告白166件を、「成功した告白」と「失敗した告白」に分類し、それぞれの告白の形式と成功率を調べたところ、**「好きです」だけ、「付き合ってください」だけのときよりも、「好きです」+「付き合ってください」をセットで使ったときは、2倍近く成功率が高い**ということが判明したのです。

原因として考えられるのは、「好きです」だけだと「で、どうしたいの?」となってしまい、「付き合ってください」だけだと気持ちが伝わらないから。つまり、告白をするときは、相手に気持ちを伝える言葉と、どうしたいかという要望をセットで伝えていくことが大切なのです。

PART7のまとめ

- 相手の本心を見極めるには、言葉ではなく行動に着目すること。具体的には、あなたに「どのくらいの時間・労力・お金をかけてくれるか」に着目することで、今の自分のステップを明確にすることができる。
- どんなに気をつけていても、恋をすると冷静な判断ができなくなってしまう。だからこそ、信頼できる友だちに客観的な意見を求めよう。
- 成功の確率を数値化することで、自分と相手の関係がどれぐらい進展したかが明確になり、アプローチの方法を調整できるようになる。
- 「告白するのに勇気が必要」「LINEで告白したい」と感じるのは、「告白しても大丈夫」という確証が得られていないということ。2人の関係を見直し、確証を集め直そう。
- 最強の告白ワードは「好きです。付き合ってください」。好感度が十分積み重ねられていれば、告白の言葉はシンプルでOK。

PART 8

相手をトリコにする！ 12タイプ別攻略法

ひろとオリジナルの12タイプ別攻略法って？

好きな人に告白してＯＫをもらうには、「この人と恋愛したい」「この人ともっと話したい！」とモチベーションを高めてもらうよう働きかけたり、「この人と付き合いたい」「ずっと一緒にいたい」と決断してもらったりしなくてはいけませんよね。

でも、皆さんも日々実感しているように、人にはさまざまなタイプがあります。そのため、相手の**タイプに応じたアプローチをすることが、恋を叶える一番の攻略法**なんです。

「はじめに」でも触れましたが、僕は結婚前に一度、今の奥さんにフラれています。そのときに、大人としての思考力や振る舞いを身につけようと、３００人ほどの経営者の方たちにお会いし、インスタグラムで４０００人の方々の恋愛相談にのってきました。

人は、2つの軸で6タイプに分けられる

これが、年齢も職業もさまざまな人と接してきた僕の結論です。

たとえば、経営者の方たちから学ぶために、同じアプローチで懐に飛び込もうとしても、人によって反応がまったく違っていました。

ある人には、ひたすら質問することで「勉強熱心だね」と気に入ってもらうことができたのですが、別の人には「質問する前に自分で調べてこい」と一喝されてミーティングを打ち切られてしまいました。

後日、質問するのではなく自分の夢やビジョンを語るようにしたところ、「面白いね！　それなら○○が詳しいから」と別の起業家の方を紹介してもらうことができました。

話を聞くことで相手に好感を抱く人もいれば、自己実現しようとする人に好感を持つ人もいる。当たり前のことですが、何に好感を持つかは人それぞれなんです。

恋愛相談でも同じことがたびたびありました。

「仲良くなるには時間が必要だから、今すぐＬＩＮＥ交換したほうがいい」とお話ししても、なかなか行動に移せない人もいます。

そんな人に、「ＬＩＮＥ交換してアプローチしないことで、誰かに取られてしまう可能性が高くなる」とお話しすると、わりとすぐ行動に出ることが多いんです。

ＬＩＮＥ交換という行動を起こすために、「楽しく付き合える」というポジティブな将来像がモチベーションになる人もいれば、「誰かに取られてしまう」というネガティブな将来像がモチベーションになる人もいます。

こうした分析や実体験から編み出したのが、ひろとオリジナルの12タイプ別攻略法です。

僕自身、これを使って相手のタイプごとに接し方やアドバイスのしかたを変えることで、「経営者の懐に飛び込む」「アドバイスを聞く耳を持ってもらい、相談者さんを幸せにする」という自分の目標を叶えてきました。

各タイプの診断法があるので、まずは好きな人や自分のタイプをチェックしましょう。タイプごとの「性格」や「基本的な接し方」「刺さる褒め方」「ＯＫしてもらえるデートの誘い方」なども紹介しているので、ぜひ好きな人へのアプローチの参考にしてください。「人に好かれる」という基本は同じなので、恋愛に限らず、ビジネスやその他の人間関係でも使ってみてくださいね。

【12タイプ診断】に挑戦！

12タイプは、親との関係2タイプ×決断のしかた6タイプで決まります。

《親との関係》

親との関係は、人の性格や行動パターンを形づくる大きなポイントになります。

次のように、2つのタイプ（**A**、**B**）があるので、好きな人や自分が当てはまる項目をチェックしてみましょう。当てはまった数の多いほうが好きな人やあなたのタイプです。

A

□家族の仲がいい。
□親や兄弟姉妹の話をよくする。
□親の教えは基本的に正しいと思っている。
□親と同じか、それに類する学校や職業を選ぶことに抵抗がない。

□先生や上司などに対して従順。

B

□家族の仲がよくない。
□親や兄弟姉妹の話をほとんどしない。
□親を反面教師にしている。
□親と同じか、それに類する学校や職業をあえて避けている。
□先生や上司などに対して反抗的。

《決断のしかた》

好きな人に好きになってもらうには、「相手が決断するときや行動を起こすときに、何をモチベーションにしているか」を知ることが大切です。

決断のしかたには次の6タイプ（**C**〜**H**）があります。

好きな人や自分が当てはまる項目をチェックしてみましょう。人はたいてい複数のタイプを持ち合わせていますが、チェックの数が一番多いものを自分のタイプだと思ってください。

C

□①いますぐ1万円がもらえる、②1週間後に1万円がもらえる、③1年後に10万円がもらえる。このなかでなら①を選ぶ。

□ネットの広告を見て物を買ったり、サービスを利用したりしたことがある。

□趣味のためなら出費は惜しまない。

□遠い未来のことはあまり考えない。今が一番大事。

□「これをやったら楽しそう！」とよく考える。

□デメリットより、メリットを重視しがち。

□多少リスクをとっても、新しいことに挑戦したい。

□トラブルが起きると、「他人や周囲のせいだ」と思うことが多い。

□悩み事は人に相談してすぐ解決したい。

□思ったことをすぐ口にしがちだ。

D

□①いますぐ1万円がもらえる、②1週間後に1万円がもらえる、③1年後に10万円がもらえる。このなかでなら①を選ぶ。

□不安をあおるような記事や広告をついクリックしてしまう。

□いつも同じ店に行くことが多い。

□空気を読むのが苦手。

□「これをやらないと損だ！」とよく考える。

□メリットより、デメリットを重視しがち。

□リスクをとるより、現状維持を望む。

□上から目線の人が特に苦手だ。

□新しいことに取り組むときは、不安が大きい。

□特に大きな野心や目標はない。

E

□①いますぐ1万円がもらえる、②1週間後に1万円がもらえる、③1年後に10万円がもらえる。このなかでなら②を選ぶ。
□仲間を大切にしている。
□出身地や年齢、趣味などが同じ人に親しみを感じる。
□LINEの返信はわりと即レス。
□他人が自分をどう思っているかすごく気になる。
□一人で過ごすのが苦手。
□優柔不断だ。
□相手の要望をくみ取るのが得意だ。
□「愛され」「モテ」というワードに弱い。
□友だちや好きな芸能人と同じ商品をよく買う。

F

□①いますぐ1万円がもらえる、②1週間後に1万円がもらえる、③1年後に10万円がもらえる。このなかでなら②を選ぶ。

□嫌いなもの、苦手なものが同じ人を好きになりやすい。

□似たような失敗談を持つ人に親しみを感じる。

□拒否られるのが怖くて、好きな人と友だち止まりになりがち。

□LINEの返信が遅いと不安になる。

□仲間外れになりたくないという思いが強い。

□余計なことを言って人に嫌われるより、黙っていたほうがいい。

□もめ事には、つい知らんふりをしてしまう。

□人から感謝されたいとは思わないが、まったくスルーされると悲しい。

□つい人の顔色をうかがってしまう。

G

□①いますぐ1万円がもらえる、②1週間後に1万円がもらえる、③1年後に10万円がもらえる。このなかでなら③を選ぶ。

□仕切り役を自ら進んで引き受けることが多い。

□人や場をコントロールするのが好き。

□意識高い系だねと言われることがある。

□プライドが高いほうだ。

□目標達成のために前向きに取り組むほうだ。

□一人で好きなことをして過ごすのが好きだ。

□「ああいう人になりたい」と憧れている人がいる。

□翌日、早い時間に約束していたら、飲み会が盛り上がっていても帰宅する。

□たとえ失敗しても「成功までの途中過程」と前向きに考えられる。

H

□①いますぐ1万円がもらえる、②1週間後に1万円がもらえる、③1年後に10万円がもらえる。このなかでなら③を選ぶ。

□人に仕切られるよりマシだからと、仕切り役を引き受けることが多い。

□好きじゃないことはやりたくない。

□自分のやりたいことができないなら、一人でいたほうがいい。

□人からコントロールされたくないという意識が強い。

□やってきたことを無駄にしたくないので、目標達成のために粘りぬく。

□他人に口出しされるのが嫌だ。一人で過ごすことが多い。

□「ああいう人にはなりたくない」という反面教師にしている人がいる。

□いわゆる「面倒な恋愛」にハマりがちだ。

□人から褒められても素直に喜べないタイプだ。

【診断結果】親との関係　2タイプの考え方

親との関係は「従順タイプ」「反発タイプ」の2つに分かれます。

Aが多かった人は——従順タイプ

《親とどんな関係？》

このタイプは、親との関係が良好で、家族仲もよく、親の言うことは基本的には間違っていないと考えています。

《攻略法は？》

会話に、よく家族の話が出てくるのもこのタイプならでは。家族が精神的な支柱であり、生き方のお手本になっていることが多いので、**「うちの家は○○だから」「親が○○と**

言っていたから」という話が出てきたときは、否定しないこと。賛同することを心がけたほうが、好感度を高められます。

Bが多かった人は —— 反抗タイプ

《親とどんな関係?》

このタイプは、親に不満があり、「自分は、ああはならないぞ」と反面教師にしていたり、「家族は家族、自分は自分」と自らを家族と切り離して考えていたりします。

上から抑えつけようとしてくる先生や先輩、上司にも反発心を抱きがちです。

《攻略法は?》

相手が家族について話をしたがらない場合は、そっとしておくのが賢明です。

人からコントロールされることに抵抗感があるので、何かお願い事があるときなどは、相手を立てることが必要になってきます。

ただし、反発心を逆手にとって、「家族には内緒で」のような枕詞をつけてから、「○○

しない？」とお願いすることで、普通にお願いするよりもＯＫしてもらえる確率を高くすることができます。

【診断結果】決断のしかた　6タイプの考え方

決断のしかたの6タイプは、次の通りです。

- **C**が多かった人は「トカゲさんタイプ」
- **D**が多かった人は「ワニさんタイプ」
- **E**が多かった人は「ワンコさんタイプ」
- **F**が多かった人は「モグラさんタイプ」
- **G**が多かった人は「リーダーさんタイプ」
- **H**が多かった人は「革命家さんタイプ」

このうち、脳のタイプによって、次の3つに分けられます。

・トカゲさんとワニさんは、目先の問題解決を重視し、感情や直感で判断していく**「爬《は》虫類《ちゅうるい》脳」の仲間。**

・ワンコさんとモグラさんは、仲間や共感を大切にする**「哺乳類脳」の仲間。**

・リーダーさんと革命家さんは、未来の目標や論理性を重んじる**「人間脳」の仲間。**

同じ脳タイプでも、ポジティブな動機付けで動くタイプと、ネガティブな動機付けで動くタイプの2タイプに分けられます。

・トカゲさん、ワンコさん、リーダーさんは「これが好き」「人とつながりたい」「人を支配したい」と**ポジティブな動機付けで動きます。**

・ワニさん、モグラさん、革命家さんは「これは好きじゃない」「仲間外れになりたくない」「人から支配されたくない」と、**ネガティブな動機付けで動きます。**

これで、決断のしかたの計6タイプが出そろいました。

次から6タイプの特徴を紹介します。

C が多かった人は —— トカゲさんタイプ

《性格は？》

感受性豊かで、そのぶん衝動的な行動が多いタイプ。目先の欲望や不安解消を優先し、理屈よりノリ重視。メリットばかりに目がいってデメリットを見逃す傾向があるので、ちょっと騙されやすいのが玉にキズ。ですが、基本的にポジティブなので、ちょっとやそっとのことではヘコまない、打たれ強さもトカゲさんの特徴です。

《恋愛観は？》

一人でも趣味などを通じて楽しく過ごせるタイプですが、感情が豊かなので惚れっぽい一面も。感情を自由に表現する点も、「わがままだけど魅力的」と異性を惹《ひ》きつけます。

自分で目標を設定するのは苦手ですが、**目標を与えられるとそれをクリアするために頑張るところがあるので、サークルの幹事を一緒にやったり、新しいゲームを2人で始めたりすると、恋が生まれやすい**でしょう。

《攻略法は？》

「好き」という感情がモチベーションになるタイプなので、デートに誘うときも、「Kポップが好きなら、○○行こうよ。◎◎もあるし、▲▲もあって楽しめると思うよ」とメリットを並べると効果的です。

その場の感情やムードに流されやすいところもあることから、デートでカップルの多い店を選んだりするのもおすすめです。

お願い事をするときは、「うれしい」「楽しい」「幸せ」「面白い」「悲しい」「寂しい」「困った」など、感情に訴えかける言葉を使うと、聞き入れてくれる確率が上がります。

Dが多かった人は――ワニさんタイプ

《性格は？》

特に大きな野心や目標がなく、**現状を維持できれば大きなストレスを感じない**タイプ。「今の状態を守りたい」という前向きな理由ではなく、「今の状態より悪くなるのがイヤ」という後ろ向きな理由での現状維持を望みます。

内面の感情は豊かですが、それを表に出すことは少なく、「おとなしい人」と見られることも。周囲が騒いでいるときも、冷めた目で見てしまうことがあります。

《恋愛観は？》

恋愛に対しても、どちらかというと消極的。**受け身で、自分からアプローチするのが苦手**です。

トカゲさん同様、目標を与えられるとそれをクリアするために頑張るところがあるので、共通の趣味などで一緒にできることを始めてみると、好きになってもらえる確率が上がります。

《攻略法は？》

「損したくない」という感情で動くタイプなので、デートに誘うときも、「あのイベント、来週いっぱいで終わっちゃうから行こうよ」と、行かないことで生じるデメリットを強調するのが効果的。

お願い事をするときは、「これをしないと怒られちゃうから」など、ネガティブな感情に訴えかける言葉を使うと聞き入れてくれる確率が上がります。

自分からアプローチしたり、お店やデート場所を決めたりするのは苦手なので、**ある程度こちらでリードしてあげる**といいでしょう。

Eが多かった人は――ワンコさんタイプ

《性格は？》

集団の中にいることで、自分の存在意義や価値を見出《みいだ》すタイプ。一人は寂しいと感じ、「常に仲間といたい」と考えます。出身地や趣味など、共通点が多い人に親しみを感じやすいところがあります。

「友だちの○○がいるから、あの習い事をしよう」「友だちに恋人ができたから、自分も恋愛したい」と、決断や行動を起こす場面で、親しい人の存在がきっかけになっていることがよくあります。

《恋愛観は？》

友だち関係から恋が始まることが多いのが特徴。ただ、仲間の目を気にするところがあるので、友だちのままなかなか進展しない、といったことも。応援してくれそうな友達を巻き込んだり、好きな人の友達と仲良くするなどして、なるべく周りからも「付き合ったほうがいい」という雰囲気を作り出すようにしてみてください。

《攻略法は？》

「それ知ってる！」「それ一緒！」と、共感する言葉を出せばトークが広がっていくはずです。

周囲に認められたいという願望が強く、他人の目を気にする傾向があるので、ストレートにいいところを褒めてあげると、好感度が上がります。

友だち同士から関係を進展させたいなら、周りから「○○（あなた）っていいよね」と褒めてもらうのも効果的。「自分の友だちが認めている相手なら、安心して好きになれる」と思ってくれるはずです。

F が多かった人は —— モグラさんタイプ

《性格は？》

「一人になりたくない」「仲間外れは嫌だ」という理由で、集団の中に身を置くことに意味を見出しているタイプ。「苦手なものが同じ」「同じように苦しい経験をしている」など、ネガティブな共通点が多い人に親しみを感じやすいところがあります。

《恋愛観は？》

自分に向けられた好意を失うことを恐れ、それを恋心だと錯覚するタイプです。

《攻略法は？》

人に後れを取りたくないタイプなので、「みんな彼氏できちゃったね」「付き合ってる人がいないの、自分と○○（相手）だけだね」などと言葉をかけると、「恋愛したい」という意識を高めることができます。

相手にとって特別に仲のいい友達になる→あえて好きバレ→少し距離を置く、の流れを作り、あなたを失いたくないという思いを恋心と混同してもらいましょう。

Gが多かった人は——リーダーさんタイプ

《性格は？》

がむしゃらに自己実現や会社の成功を目指す、いわゆる「意識高い系」タイプ。目先の小さな目標をクリアするだけでは飽き足らず、**将来の大きな夢やビジョンを持っているの**が特徴。**ヒト、モノ、カネを自分が掌握してコントロールしたい**という欲求が強く、基本的に仕切りたがり。プライドが高いのがデフォルトです。

《恋愛観は？》

「この恋愛で自分は何を得られるのか」と、頭で恋愛してしまうのが特徴。「こんな2人が結婚したら面白いかも」と交際0日で結婚を決めてしまうような人は、間違いなくこのタイプです。

ビジネスなどでは頼りになる存在ですが、恋愛では相手への気遣いが足りず、「思っていたのと違った」とフラれてしまうことも。

《攻略法は？》

相手の意図通りに振る舞うのが一番です。「コントロールされている」「手のひらの上で踊らされている」感をあえて出し、相手の支配欲を満たしてあげると、心の距離が縮まります。

褒め方は、「何か、〇〇（相手）の手のひらの上で踊らされてる気がするー！」と言うと喜ぶタイプです。

Hが多かった人は―― 革命家さんタイプ

《性格は？》

意地でも人に支配されたくないと自由を求めて闘う、個性的な起業家などに多いタイプです。自分がコントロールされたくないというより、コントロールしたいというよりは、コントロールされたくないというネガティブな感情が動機になって行動を起こします。

ストレートな褒め言葉は疑ってかかるなど、いわゆる「面倒くさい人」に分類される人が多いのも特徴です。ちなみに、**このタイプに刺さる褒め言葉は「〇〇さんより、獲得件数が3件多かったんだね」などと事実だけを指摘すること**です。

《恋愛観は？》

仕事はデキるのですが、恋愛面ではメンヘラ度が高いのが特徴。「結婚は自分にとって何のトクもない。損することばかり」「特定の彼女を作ると他の女の子と付き合えない」などと恋愛・結婚を損得で考えている人も。なかには、叶わぬ片想いを何十年も続けていたり、ささいなことで浮気を疑って束縛してきたりする人もいます。周りからは理解不能でも、本人的には理屈が通っていると思い込んでいるので、やっかいです。

《攻略法は?》

「好きだと言わせたい」「プロポーズしてほしい」と考えて、相手を自分の思い通りに動かそうという意図が伝わると、拒否反応を示して離れていってしまいます。

このタイプの人の恋愛に対するモチベーションを高め、追いかけてもらうには、サンクコスト効果を使うのが有効です。

サンクコストとは、事業に投下した資金のうち、事業の撤退や縮小を行ったとしても回収できない埋没費用のこと。プライベートでも仕事でも「ここまでお金や時間を使ったのだから、途中でやめられない、後に引けない」といったことがありますよね。

つまり、事業を続ければ損失が出るのはわかっているのに、サンクコストがあることで

「今諦めるとすべてが無駄になる。もう少し頑張ってみよう」と、合理的な判断ができなくなってしまうんです。

革命家さんをオトしたいなら、ふんだんに時間やお金をかけてもらい、つかず離れずの関係をキープすること。革命家さんは反骨心が強く、「時間やお金、労力をかけた相手が手に入らなくて逃げた」と思いたくないため、ずっと追い続けてくれます。

各タイプの相性は？

基本的に、同じタイプ同士の相性がいいのは確かですが、たいていの人は複数のタイプを併せ持っているので、相性のよしあしにそこまで大きな差は生まれません。

ただし**気をつけたいのは、自分も相手もネガティブタイプ同士の場合**です。

ネガティブなタイプは、「嫌われたくない」「損したくない」というのが行動するときのモチベーションのため、思い切ってアプローチできなかったり、好きバレを恐れるあまりに塩対応をして誤解されてしまったりすることがよくあります。

お互いにこうしたコミュニケーションが習慣になっているので、**関係が進展しないばかりか、誤解が誤解を生んで負の連鎖が起きてしまう可能性があります。**

ネガティブタイプ同士の恋愛では、無理のない範囲で「ポジティブ寄り」の言動を増やすよう心がけると付き合える確率がアップし、付き合い始めてからも仲良しでいられます。

親との関係2タイプ（A、B）と決断のしかた（C〜H）を掛け合わせると、自分のタイプがわかります。

B 親に反発		
タイプ2（B×C） **反発×トカゲさん** ・基本性格や攻略法はタイプ1と同じ。 ・理屈よりノリ重視だが、コントロールされることに抵抗があるので、提案などをするときは「会話の流れに沿ってさりげなく」がポイント。こちらの意図が見透かされると、提案にのってこないことも。	ポジティブ	爬虫類脳
タイプ4（B×D） **反発×ワニさん** ・基本性格や攻略法はタイプ3と同じ。 ・反発心があってネガティブな傾向が強いので、自分からアプローチするのが苦手な一方で、リーダーシップをガンガン発揮されてしまうことにも抵抗がある。相手を立てる気遣いが必要。	ネガティブ	爬虫類脳
タイプ6（B×E） **反発×ワンコさん** ・基本性格や攻略法はタイプ5と同じ。 ・仲間同士でもフラットな関係を望む傾向があるので、年齢差があったとしても上から目線のコミュニケーションはNG。	ポジティブ	哺乳類脳
タイプ8（B×F） **反発×モグラさん** ・基本性格や攻略法はタイプ7と同じ。 ・消極的で人の顔色をうかがいがち。自己防衛意識が強いので、よかれと思ってダメ出しをしてしまうと、思わぬ反発を招くことも。	ネガティブ	哺乳類脳
タイプ10（B×G） **反発×リーダーさん** ・基本性格や攻略法はタイプ9と同じ。 ・人生においては「〇〇のようになりたくない」がモチベーション。恋愛も、「こういう人がいい」というよりは、「こういう人とは付き合いたくない」という消去法で相手を選ぶ傾向がある。	ポジティブ	人間脳
タイプ12（B×H） **反発×革命家さん** ・基本性格や攻略法はタイプ11と同じ。 ・反発心があってネガティブな傾向が強いので、恋愛・結婚へのモチベーションが低い人も。追い続けてくれるよう、サンクコストをかけさせるようなアプローチが効果的。	ネガティブ	人間脳

《12タイプ早見表》

		A 親に従順
爬虫類脳	ポジティブ	タイプ1（**A**×**C**） **従順×トカゲさん** ・感受性豊かで衝動的な行動が多い。 ・「好き」という感情がモチベーションになるタイプなので、趣味などに絡めてメリットを強調したアプローチが効果的。 ・親や家族の話題には否定せず賛同を。
爬虫類脳	ネガティブ	タイプ3（**A**×**D**） **従順×ワニさん** ・現状維持派で受け身なので、ある程度リードしてあげることが必要。 ・「損したくない」がモチベーションになるので、行動しないデメリットを強調したアプローチを。 ・親や家族の話題には否定せず賛同を。
哺乳類脳	ポジティブ	タイプ5（**A**×**E**） **従順×ワンコさん** ・一人より仲間といたい。 ・仲間の目が気になり、友だち止まりの関係になりやすい。 ・「それ一緒！」と共感する言葉を使うことで、会話やLINEが続くようになる。 ・親や家族の話題には否定せず賛同を。
哺乳類脳	ネガティブ	タイプ7（**A**×**F**） **従順×モグラさん** ・「仲間外れは嫌だ」が仲間といるモチベーション。 ・つらい経験など、ネガティブな共通点がある人に親しみを感じやすい。 ・相手の好意を失う恐れを、恋心だと錯覚しがち。 ・親や家族の話題には否定せず賛同を。
人間脳	ポジティブ	タイプ9（**A**×**G**） **従順×リーダーさん** ・未来の夢に向かって成功を目指す意識高い系。 ・「この恋愛で自分は何を得られるのか」と頭で恋愛する。 ・相手の思惑通りに振る舞って支配欲を満たしてあげると信頼関係が築きやすくなる。 ・親や家族の話題には否定せず賛同を。
人間脳	ネガティブ	タイプ11（**A**×**H**） **従順×革命家さん** ・意地でも人に支配されたくない。 ・ストレートな褒め言葉は刺さらないので、事実のみに言及して「あなたのすごさに気づいているよ」ということを示す。 ・親や家族の話題には否定せず賛同を。

おわりに

最後まで読み進めていただき、ありがとうございました。

僕は正直、世の中にあふれている恋愛心理学やテクニックの本が、「考えすぎてしまう人」「繊細で相手の気持ちを気にしすぎる人」向きではないという思いがありました。

「考えすぎて自滅しがちな人でも、恋愛心理学のテクニックを正しく知って、使えば、ちゃんと両想いになれる。そうしたら恋愛＝悩むもの、ではなく楽しむものになる」という思いでこの本を書きました。

そのために僕が知りうる全恋愛ノウハウをギュッと詰め込みました。

ただ「僕の願い」としてはこのノウハウをあなたに伝えて終わりではなく、ぜひとも使っていただきたい。

そして新たな第一歩を踏み出してほしいと思っています。

願わくは、その踏み出した一歩でぜひ周りで困っている人に力を貸してあげてください。

僕がこの本を書いたように。

好きな人に好きになってもらい、恋愛を楽しむ。そんな最高の幸せを一人でも多くの方が手にできますように、心から応援しています。

ひろと

ひろと

22歳で結婚2年目。慶應義塾大学在学中、年上の現在の妻に「大人としての振る舞いがなってない」とフラれたのをきっかけに、300人ほどの経営者に会いまくり、同時に恋愛心理学を学ぶ。その中で培ったノウハウを生かし、恋愛心理学系YouTuberとしてチャンネル登録５万人、教育系TikTokerとして11ヶ月で50万フォロワーを達成し日本一に。Instagram では、のべ4000人の恋愛相談にのり、「コミュ障でも勇気がもらえる」「アドバイスが具体的で刺さる」と好評。その後は、経営者を志し、大学を中退。TikToker事務所STAR COLLEGEを共同で起ち上げ、TikTokをメインにSNS、オンライン全般の事業を取り扱う。また、新たに設立した株式会社INFividualでは、TikTok法人アカウント30社以上を運営。10人で総フォロワー数140万人のTikTokコンサルチームを束ねるビジネスにも力を入れている。

編集協力／伊藤彩子
ブックデザイン／喜來詩織（entotsu）
装丁・本文イラスト／南れーな
校正／あかえんぴつ
DTP／エヴリ・シンク
編集／尾小山友香

ひといちばい敏感《びんかん》さんが、我慢《がまん》なし！不安《ふあん》ゼロ！で恋愛無双《れんあいむそう》する全《ぜん》テクニック

モテる人《ひと》の恋愛科学《れんあいかがく》

2021年７月16日　初版発行
2022年６月20日　４版発行

著者／ひろと

発行者／青柳　昌行

発行／株式会社KADOKAWA
〒102-8177　東京都千代田区富士見2-13-3
電話　0570-002-301（ナビダイヤル）

印刷所／大日本印刷株式会社

ISBN 978-4-04-605275-9　C0030